Basiswissen Sozialwirtschaft und Sozialmanagement

Reihe herausgegeben von
K. Grunwald, Stuttgart, Deutschland
L. Kolhoff, Wolfenbüttel, Deutschland

Die Lehrbuchreihe „Basiswissen Sozialwirtschaft und Sozialmanagement" dient dazu, zentrale Inhalte zum Themenfeld Sozialwirtschaft und Sozialmanagement in verständlicher, didaktisch sorgfältig aufbereiteter und kompakter Form zu vermitteln. In sich abgeschlossene, thematisch fokussierte Lehrbücher stellen die verschiedenen Themen theoretisch fundiert und kritisch reflektiert dar. Vermittelt werden sowohl Grundlagen aus relevanten wissenschaftlichen (Teil-)Disziplinen als auch methodische Zugänge zu Herausforderungen der Sozialwirtschaft im Allgemeinen und sozialwirtschaftlicher Unternehmen im Besonderen. Die Bände richten sich an Studierende und Fachkräfte der Sozialen Arbeit, der Sozialwirtschaft und des Sozialmanagements. Sie sollen nicht nur in der Lehre (insbesondere der Vor- und Nachbereitung von Seminarveranstaltungen), sondern auch in der individuellen bzw. selbstständigen Beschäftigung mit relevanten sozialwirtschaftlichen Fragestellungen eine gute Unterstützung im Lernprozess von Studierenden sowie in der Weiterbildung von Fach- und Führungskräften bieten.

Reihe herausgegeben von:
Klaus Grunwald
Duale Hochschule Baden-Württemberg
Stuttgart, Deutschland

Ludger Kolhoff
Ostfalia Hochschule für angewandte Wissenschaften
- Hochschule Braunschweig/Wolfenbüttel
Wolfenbüttel, Deutschland

Weitere Bände in der Reihe http://www.springer.com/series/15473

Herbert Schubert

Netzwerkorientierung in Kommune und Sozialwirtschaft
Eine Einführung

Herbert Schubert
Köln, Deutschland

Basiswissen Sozialwirtschaft und Sozialmanagement
ISBN 978-3-658-18997-6   ISBN 978-3-658-18998-3   (eBook)
https://doi.org/10.1007/978-3-658-18998-3

Die Deutsche Nationalbibliothek verzeichnet diese Publikation in der Deutschen National-
bibliografie; detaillierte bibliografische Daten sind im Internet über http://dnb.d-nb.de abrufbar.

Springer VS
© Springer Fachmedien Wiesbaden GmbH 2018
Das Werk einschließlich aller seiner Teile ist urheberrechtlich geschützt. Jede Verwertung, die nicht ausdrücklich vom Urheberrechtsgesetz zugelassen ist, bedarf der vorherigen Zustimmung des Verlags. Das gilt insbesondere für Vervielfältigungen, Bearbeitungen, Übersetzungen, Mikroverfilmungen und die Einspeicherung und Verarbeitung in elektronischen Systemen.
Die Wiedergabe von Gebrauchsnamen, Handelsnamen, Warenbezeichnungen usw. in diesem Werk berechtigt auch ohne besondere Kennzeichnung nicht zu der Annahme, dass solche Namen im Sinne der Warenzeichen- und Markenschutz-Gesetzgebung als frei zu betrachten wären und daher von jedermann benutzt werden dürften.
Der Verlag, die Autoren und die Herausgeber gehen davon aus, dass die Angaben und Informationen in diesem Werk zum Zeitpunkt der Veröffentlichung vollständig und korrekt sind. Weder der Verlag noch die Autoren oder die Herausgeber übernehmen, ausdrücklich oder implizit, Gewähr für den Inhalt des Werkes, etwaige Fehler oder Äußerungen. Der Verlag bleibt im Hinblick auf geografische Zuordnungen und Gebietsbezeichnungen in veröffentlichten Karten und Institutionsadressen neutral.

Lektorat: Stefanie Laux

Gedruckt auf säurefreiem und chlorfrei gebleichtem Papier

Springer VS ist Teil von Springer Nature
Die eingetragene Gesellschaft ist Springer Fachmedien Wiesbaden GmbH
Die Anschrift der Gesellschaft ist: Abraham-Lincoln-Str. 46, 65189 Wiesbaden, Germany

Inhalt

Einführung 1

1 Zum Bedeutungsgewinn der Netzwerkmetapher in Gesellschaft und Wirtschaft 7
1.1 Beschreibung von Wirtschafts- und Gesellschaftsentwicklungen mit der Netzwerkmetapher 9
1.2 Überwindung der Versäulung von Funktionssystemen in der Sozialwirtschaft 11
Literatur 14

2 Netzwerkorientierung als Kern der Public Governance 17
2.1 Von der hierarchischen Steuerung der öffentlichen Verwaltung zur ökonomisch fokussierten Steuerung des Public Management . . 21
2.2 Steuerung in Netzwerken nach der Logik der Public Governance . . 22
2.3 Reframing der kommunalen Steuerung 26
Literatur 30

3 Theoretische Grundlagen der Netzwerktheorie 33
3.1 Das Menschenbild der Netzwerktheorie 34
3.2 Abgrenzung des Netzwerkbegriffs vom Gruppenbegriff 36
3.3 Ideenarchitektur der phänomenologischen Perspektive 40
3.4 Definitorische Grundlagen der Phänomenologischen Netzwerktheorie 44
3.5 Transfer am sozialwirtschaftlichen Beispiel 48
3.6 Ableitung einer Checkliste für die Sozialwirtschaft 50
3.7 Akteur-Netzwerk-Theorie 53
Literatur 58

4	**Lebensweltliche und organisierte Netzwerke**	61
4.1	Lebensweltliche Netzwerke	64
4.2	Organisierte Netzwerke in und zwischen Funktionssystemen	66
4.3	Bedeutungsgewinn der organisierten Netzwerke in der Organisations- und Managementforschung	70
4.4	Netzwerkkooperation als Kern organisierter Netzwerke	72
4.5	Transfer am sozialwirtschaftlichen Beispiel	76
	Literatur	80
5	**Netzwerke in der Kommune**	83
5.1	Netzwerke und soziale Kohäsion im Sozialraum	84
5.2	Netzwerkebenen in der Gebietskörperschaft	90
5.3	Absicherung organisierter Netzwerke im operativen Feld der Sozialwirtschaft über die normative und strategische Verantwortungsebene	92
	Literatur	97
6	**Instrumente der Analyse von Netzwerken**	99
6.1	Formale Analyse von Gesamtnetzwerken	100
6.2	Empirische Erkundung von ego-zentrierten Netzwerken	101
6.3	Qualitative Methoden	105
6.4	Erhebung und Analyse von Akteur-Ereignis-Netzwerken	107
	Literatur	114
7	**Zusammenfassung: Netzwerkorientierung in der Sozialwirtschaft**	115
7.1	Logik der Netzwerktheorie	116
7.2	Perspektiven der Netzwerkorientierung	118
7.3	Interinstitutionelle Kooperation als Basis organisierter Netzwerke	120
7.4	Konstitution des sozialen Raums durch Netzwerke	122
Literaturverzeichnis		125
Glossar		131
Zum Autor		139

Einführung

Der Netzwerkbegriff ist in den vergangenen Jahrzehnten von einem anfänglich *empirisch-analytischen Nischenbegriff* im Wissenschaftssystem zu einem *systemübergreifenden Schlüsselbegriff* aufgestiegen, weil er gesellschaftliche, wirtschaftliche und technologische Entwicklungen im Übergang zum 21. Jahrhundert symbolisiert. Aus der klar umrissenen Fachterminologie ist ein verwaschener Allroundbegriff geworden, der auf vielfältige Weise Phänomene von den modernen Kommunikationstechnologien über Organisationsformen zwischen Unternehmen bis hin zu den Gestalten des gesellschaftlichen Beziehungsgefüges charakterisiert. Beim genauen Hinsehen fällt auf, dass der Netzwerkbegriff immer seltener analytisch verwendet wird, um das Beziehungsgefüge zwischen Akteuren zu beschreiben. Mit dem Bedeutungsgewinn geht stattdessen eine programmatische Ausdehnung einher: Denn nun kennzeichnet er vermehrt *neue Verflechtungsstile*, die auf veränderten Formen der Kooperation basieren. Weil *netzwerkartige Kooperationsmuster* einerseits weniger schwerfällig und andererseits weniger verschlossen sind als hierarchische Unternehmens- und Verwaltungsstrukturen, aber auch als patriarchalische Familienstrukturen, haben sie den Charakter eines *neuen Ordnungsprinzips* erhalten: Unternehmen schotten sich beispielsweise nicht mehr ab, sondern bilden Allianzen mit anderen Organisationen. Und in der Kommune werden keine fachlich engen Arbeitskreise mehr eingesetzt, sondern bereichsübergreifende Netzwerke gegründet. Statt starrer Routinen werden flexible Kooperationsmuster bevorzugt, wie das Richard Sennett in seiner Monographie „Der flexible Mensch – Die Kultur des neuen Kapitalismus" schon Ende der 1990er Jahre auf den Punkt gebracht hatte. Insofern steht hinter dem Netzwerkbegriff die Vorstellung von Lockerheit, Offenheit, Grenzüberschreitung und Veränderbarkeit.

Das neue Ordnungsprinzip hat eine weitreichende Verbreitung gefunden, so dass sich eine *Netzwerkorientierung* herausgebildet hat. In nahezu allen Funktionssystemen werden netzwerkförmige Strukturen angestrebt: zum Beispiel die

Bildungslandschaft im Bildungsbereich, das Netzwerk Frühe Hilfen in der Jugendhilfe, Seniorennetzwerke im Sozialbereich, Sozialraumnetzwerke in der Gemeinwesenarbeit, Filialnetze im Einzelhandel, um nur einige zu nennen. Vor diesem Hintergrund drängen sich Fragen auf, durch deren Beantwortung der verwaschene Netzwerkbegriff im kommunalen und sozialwirtschaftlichen Kontext wieder einen klaren Umriss gewinnen kann:

- Worauf ist der hohe Stellenwert der gegenwärtigen Netzwerkorientierung zurückzuführen?
- Mittels welcher theoretischen Grundlagen lässt sich der Netzwerkbegriff angemessen definieren?
- Welche Basistypologie von sozialen Netzwerken macht das Konzept handhabbar für die Sozialwirtschaft im kommunalen Kontext?
- Welche methodischen Instrumente helfen, Netzwerke in der Kommune transparent zu machen?

In den folgenden Kapiteln der vorliegenden Publikation sollen darauf Antworten gefunden werden, die den Netzwerkansatz in der Kommune und in der Sozialwirtschaft anwendungsorientiert einordnen und theoriebasiert absichern.

Im *Kapitel 1* wird deutlich gemacht, dass der Netzwerkbegriff im gegenwärtigen inflationären Gebrauch überwiegend als *Metapher* bildlich benutzt wird und ein Geflecht meistens nur assoziiert, statt es tiefenscharf als konkrete Verbindungen zwischen einer bestimmten Anzahl von Akteuren abzubilden. Auch der Begriff der Netzwerkgesellschaft wird nur metaphorisch formuliert, um das aktuelle Verständnis einer offen verknüpften Gesellschaft von dem traditionellen einer geschlossenen Großgruppengesellschaft zu unterscheiden. Unter der ökonomischen Perspektive werden Begriffe wie das Netzwerkunternehmen und die Netzwerkorganisation in ähnlicher Weise metaphorisch eingesetzt, um das Zusammenwirken von Unternehmen, die Bündelung ihrer Ressourcen und die Verknüpfung ihrer Leistungskapazitäten zu charakterisieren. Auch in der Sozialwirtschaft ist die Metapher des Netzwerks verankert – der Zungenschlag fällt allerdings etwas anders aus, weil die Kooperation von öffentlichen Diensten und freien Trägern kritisch von der Versäulung und institutionellen Zergliederung der Funktionssysteme in der Kommune abgegrenzt wird. Durch den Einstieg in Kapitel 1 wird vermittelt, dass der Begriff des Netzwerks im allgemeinen Sprachgebrauch metaphorisch verwendet wird. Die Leserin und der Leser wird in die Lage versetzt, die metaphorische Übertragung des Konzepts auf die Sozialwirtschaft als Versuch zu verstehen, die Versäulung der Funktionssysteme in der Kommune zu überwinden, weil man sich von der Vernetzung der Dienste und Einrichtungen einen höheren Nutzen für die Adressatinnen und Adressaten verspricht.

Im *Kapitel 2* wird herausgearbeitet, wie die Netzwerkorientierung im Rahmen eines *Entwicklungsprozesses* in den vergangenen Jahrzehnten Profil gewinnt. In diesem Prozess veränderten sich die Formen der kommunalen Steuerung. Auf den traditionellen Typ der hierarchischen Kommunalverwaltung folgte in den 1990er Jahren das Neue Steuerungsmodell und im Laufe der Nullerjahre nach der Jahrhundertwende die Public Governance. Im hybriden Mix der drei Steuerungsprinzipien kommt dem Netzwerkkonzept gegenwärtig ein hoher Stellenwert zu. Denn der neue Stil der Governance-Steuerung nutzt vor allem die horizontale Abstimmung im Netzwerkverbund, um unter den interdependenten Akteuren aus der Kommune und aus Feldern der Zivilgesellschaft gegenseitiges Vertrauen aufzubauen. Die Leserin und der Leser kann anhand der Stufen kommunaler Modernisierung nachvollziehen, wie sich im Zeitverlauf das kommunale Regieren vom Typ der hierarchischen Verwaltung mit dem Typ der ökonomisierten Neuen Steuerung und mit dem Typ der Public Governance vermischt. Dabei findet das Netzwerkkonzept als Kooperationsprinzip langsam Anerkennung. Allerdings wird auch deutlich, dass die neue Netzwerkorientierung, die einen multioptionalen horizontalen Einbezug der Interessen und gegenseitigen Abhängigkeiten ermöglicht, anschlussfähig an die Richtlinien der öffentlichen Verwaltung und die ökonomischen Prinzipien der Neuen Steuerung sein muss.

Im Mittelpunkt des *Kapitels 3* steht die Netzwerktheorie. Sie verlangt quasi ein neues Menschenbild, in dem das soziale Handeln mehr von der Einbettung in ein Beziehungsgefüge als von der sozialen Struktur beeinflusst wird. Dieser Mechanismus der Übertragung erfolgt nicht nur über die direkten Kontakte, sondern findet auch indirekt über die Kontakte der Kontakte mit weiteren Kontakten statt. In dem Kapitel wird verdeutlicht, dass im Konzept des Netzwerks neben den direkten auch die indirekten Kontakte bedeutungsvoll und einflussreich sind. Vor diesem Hintergrund gilt das Netzwerk als effiziente Organisationsform, weil nicht alle Akteure miteinander verbunden sein müssen, um die wünschenswerten Ergebnisse zu erzielen. Damit die Leserin und der Leser ein angemessenes theoretisches Grundverständnis entwickeln können, wird detailliert die *phänomenologische Netzwerkperspektive* entfaltet. Dieses theoretische Grundverständnis geht weder vom einzelnen Akteur noch von normativ unterlegten gesellschaftlichen Strukturen aus, sondern fokussiert auf das relationale Gefüge direkt und indirekt verbundener Akteure. Ergänzend wird die *Akteur-Netzwerk-Theorie* hinzugezogen, die neben den Menschenbeziehungen auch nicht-humane Entitäten einbezieht. Die Ausbreitung der theoretischen Grundlagen soll einer unscharfen metaphorischen Verwendung des Netzwerkbegriffs vorbeugen und ein fundiertes Grundverständnis von Netzwerken als konkrete Beziehungskonstellationen vermitteln.

Im *Kapitel 4* wird die Netzwerkperspektive für die Nutzung im kommunalen und sozialwirtschaftlichen Kontext operationalisiert. Aus der Perspektive der

Sozialwirtschaft in der Kommune ist es sinnvoll, die Phänomenologie der Netzwerke nach zwei grundsätzlichen Ausprägungen zu unterscheiden. Dazu werden *zwei Netzwerktypen* als komplementäres Gegensatzpaar dargestellt: Die quasi natürlich interpersonell geknüpften *Beziehungsgeflechte der individuellen Lebenswelten* werden abgegrenzt von gezielt – im Rahmen von professioneller Kooperation und Koordination – *organisierten Netzwerken*. Damit ist auch die Unterscheidung von zwei Zugängen – nämlich zu zivilgesellschaftlichem oder professionellem – Sozialkapital verbunden. Die Leserin und der Leser soll erkennen, dass die *Anschlussfähigkeit der organisierten an die lebensweltlichen Netzwerke* bei der Koproduktion fachlich-professioneller Dienstleistungen ein Alleinstellungsmerkmal der Sozialwirtschaft und der sozialen Arbeit in der Kommune darstellt. Unter der Perspektive der Professionalisierung wird der Stellenwert von Kooperation und Koordination als Mittel der Strukturierung organisierter Netzwerke betont. Das Kapitel soll befähigen, einerseits lebensweltliche von organisierten Netzwerken differenzieren zu können und andererseits ihre gegenseitige funktionale Abhängigkeit – d. h. auch die Notwendigkeit der Anschlussfähigkeit – zu erkennen.

Im *Kapitel 5* wird die *kommunale Perspektive* vertieft. Denn die organisierten Netzwerke der Sozialwirtschaft sind in der Kommune in weitere Netzwerke – wie zum Beispiel das lokale Politiknetzwerk – eingebettet. Es wird als notwendige Rahmenbedingung vermittelt, dass die organisierten Netzwerke, die im Handlungsbereich der Sozialwirtschaft angesiedelt sind, über Vernetzungen auf der normativen und strategischen *Verantwortungsebene der Kommune* unterstützt werden müssen. Die politischen Gremien in der Kommune tragen die normative Verantwortung für den Orientierungsrahmen und die Fachbereiche der öffentlichen Verwaltung die strategische Verantwortung für die erforderlichen Ressourcen, damit die organisierten Netzwerke abgesichert sind. Das auf der operativen Ebene erwartete Governancenetzwerk wird somit sowohl auf der normativen als auch auf der strategischen Ebene gespiegelt, was vernetzungsoffene Führungspersonen auf den Ebenen voraussetzt. In diesem Zusammenhang spielt auch der *Sozialraum-Begriff* eine Rolle, der mit dem Spatial Turn stärker in den Blickpunkt gerückt wurde. Im Sozialraum entsteht die soziale Kohäsion zwischen den Menschen – und zwar getragen von den lebensweltlichen Netzwerken von Nachbarschaft, Vereinen, informellen Kreisen, Verbänden und lokalen Infrastrukturen. Die Leserin und der Leser soll erkennen, dass die organisierten Netzwerke der Sozialwirtschaft im Sozialraum nur dann an die lebensweltlichen anschließen, wenn ein Unterstützungsbedarf besteht, der in den lebensweltlichen Netzwerken nicht subsidiär gedeckt werden kann. Darüber hinaus können organisierte Netzwerke im Sozialraum strukturelle Löcher schließen, wenn beispielsweise die soziale Infrastruktur der Dienste und Einrichtungen von den Lebenswelten isoliert ist. Insofern vermittelt das Kapitel ein Verständnis für den kommunalen Kontext, in den organisierte

Einführung

Netzwerke der Sozialwirtschaft im Allgemeinen einbettet sind. Die Leserin und der Leser sollen in der Lage sein, Netzwerke der Sozialwirtschaft einerseits als Teil einer umfassenderen kommunalen Vernetzung und andererseits in ihrer sozial räumlichen Einbettung wahrzunehmen.

Zum Schluss wird eine empirische Perspektive eingenommen, die hilft, konkrete Beziehungskonstellationen von Netzwerken wahrzunehmen, statt in eine unscharfe metaphorische Verwendung des Netzwerkbegriffs zu verfallen. Im *Kapitel 6* werden deshalb *instrumentelle und methodische Zugänge der Netzwerkanalyse* skizziert, die geeignet sind, Informationen zu erzeugen, die für die Umsetzung der Netzwerkorientierung bedeutsam sind. Um Positionen und Beziehungsmuster in Netzwerken erkennen zu können, ist die Anwendung von Methoden der Netzwerkanalyse unabdingbar. Daher werden die Analyse eines Gesamtnetzwerkes, die ego-zentrierte Netzwerkanalyse, die Two-Mode-Netzwerkanalyse und qualitative Formen der Annäherung vorgestellt. In diesem Kapitel wird ein Überblick gegeben, welche methodischen Ansätze es gibt, Netzwerke zu erkunden. Die Leserin und der Leser sollen erkennen, welcher methodische Zugriff geeignet ist, um grundlegende Informationen über organisierte Netzwerke der Sozialwirtschaft zu sammeln. Es soll auch das Verständnis geweckt werden, dass die Instrumente an den Erhebungszweck angepasst werden können.

1 Zum Bedeutungsgewinn der Netzwerkmetapher in Gesellschaft und Wirtschaft

Zusammenfassung

Nach der Grunddefinition besteht ein Netzwerk aus Verbindungen zwischen einer Anzahl von Knoten. Bei der häufigen Verwendung des Netzwerkbegriffs als Metapher wird die Assoziation eines Geflechts bildlich benutzt. In den Sozialwissenschaften wird der Begriff der „Netzwerkgesellschaft" metaphorisch genutzt, um das aktuelle Verständnis einer offen verknüpften Gesellschaft von dem traditionellen einer geschlossenen „Großgruppengesellschaft" zu unterscheiden. Denn die gesellschaftliche und wirtschaftliche Situation im 21. Jahrhundert weist häufig eine netzwerkförmige Struktur dar. Unter der ökonomischen Perspektive finden Begriffe wie das Netzwerkunternehmen und die Netzwerkorganisation metaphorisch Berücksichtigung, um das Zusammenwirken von Unternehmen, die Bündelung ihrer Ressourcen, die Verknüpfung ihrer (Leistungs-)Kapazitäten zu beschreiben. In der Sozialwirtschaft hat sich die Metapher des Netzwerks verbreitet, um das Zusammenwirken von öffentlichen Diensten und Einrichtungen sowie freien Trägern in kritischer Abgrenzung vom hohen Maß der funktionalen Differenzierung der Gesellschaft und der damit verbundenen institutionellen Zergliederung der Funktionssysteme zu bezeichnen.

Lernziel

Es wird vermittelt, dass die metaphorische Verwendung des Begriffs der „Netzwerkgesellschaft" mit dem gesellschaftlichen und wirtschaftlichen Wandel im 21. Jahrhundert in Verbindung steht. Dabei soll die Übertragung des Konzepts auf die Sozialwirtschaft als Reaktion auf die Versäulung der Funktionssysteme in den Kommunen nachvollzogen werden: Die Vernetzung der Dienste und

Einrichtungen stellt vor allem den Nutzen für die Adressatinnen und Adressaten in den Mittelpunkt.

Mit der Verwendung des Netzwerkbegriffs wird oft auf die zu Grunde liegende Metapher Bezug genommen: Bildlich handelt es sich um ein Geflecht von Verbindungen, das über Knoten zusammengehalten wird. Nach der Grunddefinition setzt sich ein Netzwerk aus den beiden Komponenten der Verbindung („tie") und einer bestimmten Anzahl von Knoten („node") zusammen (vgl. Stegbauer 2016, S. 6). Die konstitutiven Elemente eines Netzwerks sind aber die *Verbindungen,* die unter einer sozialen Perspektive Beziehungen zwischen den Knoten repräsentieren. Die Knoten eines Netzwerks stellen in den meisten Fällen individuelle Akteure (soziale Einheiten wie Personen) oder Kollektivakteure dar (soziale Einheiten wie Organisationen) (vgl. Albrecht 2010, S. 124 ff.).

Die Verbindungen im Netzwerk können unterschiedliche *Beziehungsinhalte* („Types of Tie") aufweisen: zum Beispiel (1) individuelle Bewertungen wie Freundschaft, Anerkennung oder Reputation sowie deren negativen Ausprägungen wie Feindschaft, Ablehnung und Geringschätzung; (2) Tausch von materiellen und immateriellen Ressourcen in Geschäfts- und Vertragsbeziehungen sowie in Hilfe- und Unterstützungsbeziehungen; (3) Kommunikation und Informationsaustausch von Ratschlägen über Anweisungen bis hin zu Neuigkeiten und Meinungen; (4) formale Rollenbeziehungen in Autoritäts- und Machtkonstellationen; (5) Interaktionen zwischen Akteuren, die zur selben Zeit am selben Ort stattfinden und (6) die gemeinsame Abstammung in der Verwandtschaft (vgl. Haas und Malang 2010, S. 91 f.). Ein Netzwerk kann auf einer dieser Relationen basieren, aber einzelne Beziehungsdyaden können auch multiplex mehrere dieser Relationen aufweisen.

Der Netzwerkbegriff ist ein Buzzword (Schlagwort), das im Laufe der vergangenen drei Jahrzehnte außerordentlich populär geworden ist, um einerseits Gesellschaftsentwicklungen zu beschreiben und um andererseits neue Kooperations- sowie Organisationsformen in der Wirtschaft und im öffentlichen Leben aber auch virtuelle Kontakte im privaten Alltag zu bezeichnen. Beim Anwendungszusammenhang zeigen sich zwei entgegengesetzte Strömungen: Einerseits wird der Begriff als *Metapher* benutzt, um ein Phänomen bildhaft zum Ausdruck zu bringen – d. h. etwas stellt sich wie ein Netzwerk dar, wird aber nicht tiefenscharf als Netzwerk analysiert. Mit dieser unscharfen, bildlich gesprochenen rhetorischen Figur werden oft gesellschaftliche und wirtschaftliche Situationsbeschreibungen vorgenommen. Andererseits fokussiert der Begriff die *real existierenden Beziehungen,* um das Gemeinte eines Netzwerkgeflechts differenziert zu konkretisieren. Diese tiefenscharfe Herangehensweise erfolgt in zwei verschiedenen Formen: sowohl netzwerkanalytisch als auch netzwerktheoretisch. Die *Netzwerkanalyse* klärt nur die Struktur eines Beziehungsgeflechts auf. Erst die *phänomenologische Netzwerktheorie* bezieht mehr mit ein und versteht Netzwerke als Kern der Alltagskultur, die im mikrosozialen Kontext der alltäglichen Situationen als Verhaltens- und Interpretationsmuster produziert werden (vgl. Stegbauer 2017, S. 20).

1.1 Beschreibung von Wirtschafts- und Gesellschaftsentwicklungen mit der Netzwerkmetapher

Den metaphorischen Begriff der „Netzwerkgesellschaft" prägte Manuel Castells am Ende des 20. Jahrhunderts. Er beschreibt, dass die gesellschaftlichen Prozesse und Funktionen von Inklusion und Exklusion durch Netzwerke und zwischen Netzwerken – informationstechnologisch verstärkt – konfiguriert werden (vgl. 2001, S. 528), ohne sich mit der Netzwerkstruktur im Detail zu beschäftigen. Dieses Gesellschaftsverständnis unterscheidet sich deutlich von dem der früheren geschlossenen Großgruppengesellschaft, deren Stände und Klassen sich nach innen voneinander abgrenzten (vgl. Beck 1986, S. 140). Mit der Metapher der Gesellschaft als Netzwerk wird demgegenüber die Dynamik und Offenheit der gegenwärtigen gesellschaftlichen Strukturen skizziert, expansionsfähig neue Knoten integrieren und fortwährend neue Figurationen bilden zu können.

Für Richard Sennett markiert der instrumentelle Charakter von Netzwerken in der kapitalistischen Wirtschaft das Ende der tayloristischen Logik. Im diskontinuierlichen Umbau wirtschaftlicher Institutionen konzentriert sich die Macht nicht mehr zentralistisch: „Eckpfeiler des modernen Managements ist der Glaube, lockere Netzwerke seien offener für grundlegende Umstrukturierungen als die pyramidalen Hierarchien, welche die Ford-Ära bestimmten" (Sennett 1998, S. 60). Den organisatorischen Wandel zu globalen Netzwerken von Kapital, Management und Information beschreibt Manuel Castells in folgender Weise:

> „Wirtschaftsunternehmen und zunehmend auch Organisationen und Institutionen sind in Netzwerken mit variabler Geometrie organisiert, deren Verflechtung die traditionelle Unterscheidung zwischen Konzernen und Kleinunternehmen ersetzt, sich quer durch alle Sektoren erstreckt und sich entlang unterschiedlicher geografischer Konzentrationen ökonomischer Einheiten ausbreitet. Der Arbeitsprozess wird entsprechend zunehmend individualisiert, die Arbeit wird in ihrer Ausführung in ihre Bestandteile zerlegt und am Ende durch eine Vielzahl zusammenhängender Aufgaben an verschiedenen Standorten neu integriert" (2001, S. 529).

Die neuen Informationstechnologien bilden dabei die grundlegende Infrastruktur für eine Reduktion der mit der Vernetzung verbundenen Komplexität. Die Ausbreitung des Internets, der Social Media und der Apps von Smartphones im Laufe der vergangenen Jahrzehnte symbolisiert den technisch-ökonomischen Paradigmenwechsel, der im Kontext von Fortschritten in Mikroelektronik und Telekommunikation den Übergang von einer industriegesellschaftlichen Technologie auf der Grundlage billiger Energie zu einer netzwerkgesellschaftlichen Technologie auf der Basis billiger Informationen markiert. Die Entstehung der informationell basierten globalen Ökonomie wird mit der Entwicklung der neuen Logik der Netzwerkorganisation allegorisch in einen engen Zusammenhang gebracht (vgl. Castells 2001, S. 75 ff.).

Der Wandel dieser organisatorischen Verknüpfungen verläuft aber nicht ungeplant, denn auf der Basis der neuen Informationstechnologien wird das „Netzwerkunternehmen" als neue Organisationsform gezielt konstruiert (vgl. Castells 2001, S. 198 f.). Die Leistungsfähigkeit des Netzwerkunternehmens wird durch seinen „Verknüpfungsstatus" – als Fähigkeit einer störungsfreien Kommunikation zwischen seinen Elementen – und durch seine „Konsistenz" – als Übereinstimmung zwischen den Netzwerkzielen und den Zielen der Komponenten – definiert (vgl. Windeler 2001). Die Netzwerkorganisation weist die Vorteile auf, dass sie Wissen und Prozessinformation im Zusammenwirken effizienter extrahieren, flexibler die Mittel wechseln und innovativ mit kulturellem, technologischem und institutionellem Wandel umgehen kann (vgl. Welter 2005).

Ein bekanntes Beispiel sind marktbasierte Netzwerke wie z. B. Kooperationsnetzwerke in der Automobilproduktion der Mobilitätsindustrie (vgl. Sydow 1992). Mit der Definition von Schnittstellen zwischen den beteiligten Unternehmen, der kooperativen Entwicklung gemeinsamer (Teil-)Produkte in Systempartnerschaft und der gegenseitigen Abstimmung der Beiträge der einzelnen Unternehmen beseitigt die Netzwerkorganisation die Defizite traditioneller Organisationsmuster entweder voneinander isoliert oder konsekutiv operierender Unternehmen. Killich (vgl. 2007, S. 21 f.) hebt als besondere Stärke hervor, dass die einzelne Organisation ihre Selbständigkeit behalten und trotzdem im interdependenten Austausch Ergebnisse realisieren kann, die allein nicht zu bewerkstelligen sind.

Der Trend, die neuen Organisationsformen in der Wirtschaft mit der Metapher des Netzwerks zu beschreiben, setzte international bereits in den letzten Dekaden des 20. Jahrhunderts ein (vgl. Nadler et al. 1992). Die beteiligten Akteure ziehen aus dem netzwerkförmigen Zusammenwirken den Vorteil, ihre Ressourcen bündeln, ihre Kapazitäten verknüpfen, ihr Leistungsspektrum erweitern und vor allem die Produktqualität verbessern zu können. Die Netzwerkorganisation federt auch die Bewältigung des ökonomischen und technischen Wandels – mit den damit verbundenen Unsicherheiten und Risiken – ab: Die kleinen und mittleren Betriebe der Zulieferungsnetzwerke in der Mobilitätsindustrie zum Beispiel reduzieren über Abstimmungen im Netzwerk die hohe Umweltkomplexität bei der Produktion von Fahrzeugen (vgl. Luhmann 1998, 3. 833).

1.2 Überwindung der Versäulung von Funktionssystemen in der Sozialwirtschaft

Auch in der Sozialwirtschaft hat sich die Metapher des Netzwerks verbreitet: Im Laufe der vergangenen Jahrzehnte wurde beispielsweise zunehmend ein kontinuierliches Zusammenwirken zwischen öffentlichen Einrichtungen und freien Trägern angeregt (vgl. z.B. Keupp und Röhrle 1987). Die Idee der Vernetzung war ein kontinuierlicher Treiber der Professionalisierung in der sozialen Arbeit – insbesondere im sozialräumlichen Kontext von Stadtteilen und Wohnquartieren. Die Metapher wurde aus der Gemeinwesenarbeit abgeleitet, die der Netzwerkbildung unter der Bevölkerung eines Wohnquartiers schon in den Sechziger Jahren besondere Beachtung schenkte.

In der zweiten Hälfte des 20. Jahrhunderts wurden die wissenschaftlichen Modelle des Strukturfunktionalismus aufgegeben, um gesellschaftliche und soziale Phänomene in den relationalen Mustern von Beziehungsgefügen und Netzwerkstrukturen zu erfassen (vgl. Häußling 2010a, S. 62). Auf Grund dieser „*relationalen Wende*" verlor das Denken in starren Kategorien und Institutionen zugunsten der dynamischen Perspektive von Handlungsfigurationen an Bedeutung (vgl. Raab 2010a, S. 30). In der Sozialwirtschaft gaben das so genannte Neue Steuerungsmodell (Public Management) und die Public Governance starke Impulse. Vernetzung und Kooperation gelten aus dieser Perspektive als Erfolgsfaktoren, um einerseits sowohl die Effizienz als auch die Effektivität im Sozialbereich zu verbessern und um andererseits den qualitätsorientiert verknüpften Prozess des Erbringens von Dienstleistungen als interdependente Handlungsketten zu begreifen. Die praktische Umsetzung setzt auf verschiedenen Ebenen an: Sie reicht von der Aktivierung der Bewohnerschaft zur Kooperation im Gemeinwesen über die Koordination lokaler Dienste und Akteure in dezentraler Fach- und Ressourcenverantwortung bis hin zum integrierten Handlungsansatz der fachlich-professionellen Akteure nach dem Konzept der Sozialraumorientierung (vgl. Schubert 2015).

Getragen werden diese Impulse von einer Kritik an dem hohen Maß der funktionalen Differenzierung der öffentlichen Hand und der institutionellen Zergliederung der Funktionssysteme. Mit dem sukzessiven Ausbau der Kommunalverwaltung im Sozialstaat seit der Mitte des 20. Jahrhunderts wurde die Gesamtaufgabe der kommunalen Daseinsvorsorge in funktionale Teilsysteme zerlegt (vgl. Vahs 2015). Bei den verselbständigten Institutionen handelt es sich um Organisationen, die im historischen Entwicklungsprozess eine hinreichende Autorität erlangt haben, um bestimmte Aufgaben im Namen der Gesellschaft – quasi monopolistisch – wahrzunehmen (vgl. Castells 2001, S. 173 f.). In Folge der Zergliederung erfahren die Menschen Dienstleistungen nicht mehr ganzheitlich, sondern funktions- und hierarchiebezogen in eine Vielzahl von Zuständigkeiten zergliedert. Die Teilsysteme wie zum Beispiel Politik, Recht, Wirtschaft, Wissenschaft, Soziales, Erziehung, Gesundheitswesen, Religion und Familie leisten zwar wesentliche Beiträge für das Gesellschaftssystem als Ganzes, beschränken sich aber auf Grund ihrer relativen Autonomie auf jeweils interne Kommunikationsabläufe.

In der Folge bleiben die im Lebensumfeld der Individuen und ihrer Haushalts- bzw. Adressatensituation tätigen Dienstleistungseinrichtungen durch Funktions- und Hierarchiebarrieren vertikal und horizontal getrennt, so dass dienstleistungsbezogene Informationen untereinander nicht weitergegeben werden und stattdessen Prozesse einer gegenseitigen Abschottung dominieren (vgl. Abb. 1-1).

Die Barrieren des Ressortdenkens und die fehlende Transparenz der zergliederten Abläufe führen zu operativen Inseln, auf denen die professionellen Akteure der verschiedenen Funktionssysteme von Politik, Recht, Wirtschaft, Erziehung,

Abbildung 1-1 Versäulung und Verinselung der Lebenswelten und Unterstützungsinstitutionen in der Sozialwirtschaft

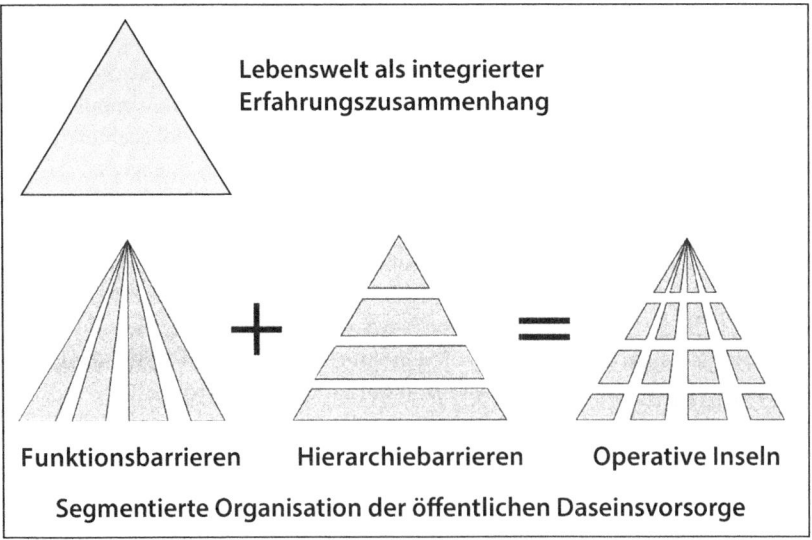

Quelle: verändert nach Hörrmann und Tiby 1991, S. 76; Vahs 2015, S. 203

Gesundheitswesen, Soziales, Stadtentwicklung und so fort relativ isoliert agieren. Gemeinsame Schnittstellen werden nicht wahrgenommen, was oft zum Aufbau von Doppelstrukturen beiträgt. Die Ressourceneffizienz stellt sich nicht günstig dar, wenn beispielsweise auf der Ebene eines Stadtteils weder die Hierarchiebarrieren zwischen Ratsgremien, Verwaltung und den operativen Einrichtungen und Agenturen vor Ort noch die Funktionsbarrieren zwischen den funktional differenzierten Fachbereichen Jugend, Soziales, Gesundheit, Kultur, Sport, Stadtentwicklung, Umwelt und so weiter vermittelt werden.

Mit Blick auf die Qualitätsentwicklung von Diensten und Einrichtungen der kommunalen Daseinsvorsorge in den Sozialräumen der Bewohnerinnen und Bewohner wird deshalb vermehrt die Metapher des Netzwerks bemüht, um Brücken zwischen diesen fragmentierten Strukturen zu projizieren und den Bedarf über eine vernetzte Vorgehensweise der professionellen Akteure nach dem Prinzip der Kundenorientierung als Ausrichtung an den Bedürfnissen der Adressaten als Ganzes – und nicht zerlegt in Teilbedarfe – zu erfüllen. Folglich werden interprofessionell organisierte Netzwerke in der Sozialwirtschaft seit den neunziger Jahren als innovative Organisationsform propagiert, weil so die operativen Inseln verbunden werden können.

Literaturempfehlungen zur Vertiefung

Für die vertiefte Auseinandersetzung mit dem Aufkommen der Begriffe der „Netzwerkgesellschaft", des „Netzwerkunternehmens" und der „Netzwerkorganisation" folgen hier ein paar Literaturempfehlungen. Dazu gehört auch die Perspektive, in der Sozialwirtschaft die institutionelle Zergliederung der kommunalen Funktionssysteme durch Vernetzung zu überwinden.

Castells, M. (2001). *Die Netzwerkgesellschaft. Das Informationszeitalter I*. Opladen: Leske + Budrich.
Schubert, H. (2008a). Netzwerkkooperation. Organisation und Koordination von professionellen Vernetzungen. In H. Schubert (Hrsg.), *Netzwerkmanagement. Koordination von professionellen Vernetzungen. Grundlagen und Praxisbeispiele* (S. 7–105). Wiesbaden: VS Verlag für Sozialwissenschaften.
Sennett, R. (1998). *Der flexible Mensch. Die Kultur des neuen Kapitalismus*. Berlin: Berlin Verlag.
Sydow, J. (1992). *Strategische Netzwerke. Evolution und Organisation*. Wiesbaden: Gabler.
Windeler, A. (2001). *Unternehmungsnetzwerke. Konstitution und Strukturation*. Wiesbaden: Westdeutscher Verlag.

Literatur

Albrecht, S. (2010). Knoten im Netzwerk. In C. Stegbauer & R. Häußling (Hrsg.), *Handbuch Netzwerkforschung* (S. 124–134). Wiesbaden: VS Verlag für Sozialwissenschaften.

Beck, U. (1986). *Risikogesellschaft. Auf dem Weg in eine andere Moderne.* Frankfurt am Main: Suhrkamp Verlag.

Castells, M. (2001). *Die Netzwerkgesellschaft. Das Informationszeitalter I.* Opladen: Leske + Budrich.

Haas J., & Malang, T. (2010). Beziehungen und Kanten. In C. Stegbauer & R. Häußling (Hrsg.), *Handbuch Netzwerkforschung* (S. 88–98). Wiesbaden: VS Verlag für Sozialwissenschaften.

Häußling, R. (2010a). Relationale Soziologie. In C. Stegbauer & R. Häußling (Hrsg.), *Handbuch Netzwerkforschung* (S. 62–87). Wiesbaden: VS Verlag für Sozialwissenschaften.

Hörrmann, G., & Tiby, C. (1991). Projektmanagement richtig gemacht. In A. D. Little (Hrsg.), *Management der Hochleistungsorganisation* (S. 73–91). Wiesbaden: Gabler.

Keupp, H., & Röhrle, B. (Hrsg.) (1987). *Soziale Netzwerke.* Frankfurt am Main, New York: Campus.

Killich, S. (2007). Formen der Unternehmenskooperation. In T. Becker, I. Dammer, J. Howaldt, S. Killich & A. Loose (Hrsg.), *Netzwerkmanagement. Mit Kooperation zum Unternehmenserfolg* (S. 13–22). 2. Aufl., Berlin, Heidelberg, New York: Springer Verlag.

Luhmann, N. (1998). *Die Gesellschaft der Gesellschaft.* 2 Bde., Frankfurt am Main: Suhrkamp.

Nadler, D. A., Gerstein, M. S., & Shaw, R. B. (Hrsg.) (1992). *Organizational Architecture. Designs for Changing Organizations.* San Francisco: Jossey-Bass.

Raab, J. (2010a). Der „Harvard Breakthrough". In C. Stegbauer & R. Häußling (Hrsg.), *Handbuch Netzwerkforschung* (S. 29–37). Wiesbaden: VS Verlag für Sozialwissenschaften.

Schubert, H. (2008a). Netzwerkkooperation. Organisation und Koordination von professionellen Vernetzungen. In H. Schubert (Hrsg.), *Netzwerkmanagement. Koordination von professionellen Vernetzungen. Grundlagen und Praxisbeispiele* (S. 7–105). Wiesbaden: VS Verlag für Sozialwissenschaften.

Schubert, H. (2015). Lokale Governance – Einführung in das Konzept. In J. Knabe, A. v. Rießen & R. Blandow (Hrsg.), *Städtische Quartiere gestalten. Kommunale Herausforderungen und Chancen im transformierten Wohlfahrtsstaat* (S. 113–130). Bielefeld: transcript.

Sennett, R. (1998). *Der flexible Mensch. Die Kultur des neuen Kapitalismus.* Berlin: Berlin Verlag.

Stegbauer, C. (2016). *Grundlagen der Netzwerkforschung. Situation, Mikronetzwerke und Kultur.* Wiesbaden: Springer VS.

Stegbauer, C. (2017). Netzwerkforschung. Grundlagen, Mikronetzwerke, Medien, Kultur und Interdisziplinarität. *Soziologie, 46,* (S. 18–22).

Literatur

Sydow, J. (1992). *Strategische Netzwerke. Evolution und Organisation*. Wiesbaden: Gabler.
Vahs, D. (2015). *Organisation*. 9. Aufl., Stuttgart: Schäffer-Poeschel
Welter, F. (Hrsg.) (2005). *Dynamik im Unternehmenssektor. Theorie, Empirie und Politik*. Berlin: Duncker & Humblot.
Windeler, A. (2001). *Unternehmungsnetzwerke. Konstitution und Strukturation*. Wiesbaden: Westdeutscher Verlag.

Netzwerkorientierung als Kern der Public Governance

2

Zusammenfassung

Die zunehmende Orientierung am Netzwerkkonzept vollzog sich im Rahmen eines Entwicklungsprozesses, in dem sich die Formen des Steuerns sukzessive verschoben und sich ältere mit neueren vermischten. Im Laufe der vergangenen Jahrzehnte fanden Neuausrichtungen der kommunalen Steuerung statt: Nach dem traditionell vorherrschenden Typ der hierarchischen öffentlichen Verwaltung folgte in den 1990er Jahren eine ökonomische Modernisierung mit dem Neuen Steuerungsmodell und gegenwärtig spielt der Ansatz der Public Governance eine große Rolle. In dem aktuellen hybriden Mix dieser drei Steuerungsprinzipien repräsentiert das Netzwerkkonzept eine Schlüsselkategorie. Statt allein auf die Hierarchie der öffentlichen Verwaltung oder auf Verträge im Sinne der Marktlogik zu setzen, fördert der Governance-Ansatz das gegenseitige Vertrauen unter den interdependenten Akteuren und nutzt dazu die horizontale Koordination des Netzwerkverbunds.

Lernziel

Anhand der Stufen kommunaler Modernisierung soll nachvollzogen werden, dass die Form des kommunalen Regierens von den 1950er bis in die 1980er Jahre hinein vom vorherrschenden Typ der hierarchischen öffentlichen Verwaltung bestimmt wird, in dem organisierte Netzwerke noch keine Rolle spielen. In der folgenden Phase der ökonomischen Modernisierung nach dem Neuen Steuerungsmodell findet das Netzwerkkonzept als Kooperationsprinzip langsam Anerkennung. Es soll ein tiefer gehendes Verständnis dafür entwickelt werden, dass sich das kommunale Handeln unter der Leitlinie der Public Governance von der traditionellen Fixierung auf starre Richtlinien der öffentlichen Verwaltung löst und die neue Netzwerkorientierung für den multioptionalen Einbezug von Interessen und gegenseitigen Abhängigkeiten steht.

Wenn der Professionalisierungsprozess in den Kommunen in den Blickpunkt gerückt wird, darf die Wahrnehmung nicht auf kurzzeitige Entwicklungen beschränkt werden. Es ist stattdessen eine Langzeitperspektive notwendig; denn die Veränderungen sind in einen *Megaprozess* eingebettet, den Abram de Swaan „*Kollektivierung*" genannt hat (1993). Danach werden der heutige Sozialstaat als Ganzes und die Technologien der sozialen Politiken als Ergebnis einer Entwicklung kollektiver Handlungsschemata im Laufe der vergangenen einhundertfünfzig Jahre verstanden.

Die Interdependenzen zwischen Reichen und Armen bzw. Mächtigen und Machtlosen spielen im Kollektivierungsprozess eine zentrale Rolle. Im Laufe der Bildung des deutschen Nationalstaates und der kapitalistischen Ausformung nationaler sowie internationaler Märkte wurden Phänomene unter der ärmeren Bevölkerung immer mehr als eine Gefahr für die öffentliche Ordnung und für den sozialen Frieden definiert. Die Konfrontation mit dem Massenelend der Armen förderte im 19. Jahrhundert in den etablierten Schichten die Erkenntnis, dass ein Fürsorgesystem mit mehr oder weniger proportionaler Lastenverteilung und einem ausreichenden Ernährungsniveau zu schaffen sei (vgl. Swaan 1993, S. 36). Auf dieser Grundlage wurde ein *Prozess kollektiven Handelns* ausgelöst, der – als Teil des allgemeinen Zivilisationsprozesses – zum Komplex der organisierten Wohlfahrt führte.

Eine Schlüsselrolle spielte das enorme Wachstum der Städte im 19. Jahrhundert. Der starke Ansturm von zugewanderten Personen und Familien aus Kleinstädten und Dörfern führte zum Zusammenbruch der städtischen Arbeitsmärkte. Die unmittelbare Nähe der fremdartigen Personengruppen mit anderen Verhaltensstandards war eine ständige Quelle für Ärger im öffentlichen Raum der Städte. Es gab zahlreiche Reibungen zwischen den zugewanderten Außenseitern und den etablierten Schichten. In der Folge setzte der Prozess der Kollektivierung ein, zu dem beispielsweise der Aufbau des Bildungswesens, des Gesundheitswesens und des Fürsorgesystems mit dem Ziel einer Zivilisierung der bedürftigen Bevölkerungskreise gehört. Deren Lebensäußerungen wurden in der Folge institutionell kontrolliert, um sie in der Richtung eines zivilisierten Verhaltens und Empfindens zu verändern.

Im Umkreis des wachsenden Staatsapparates bildeten sich am Ende des 19. Jahrhunderts neue „Mittlereliten" heraus: Die Schulpädagogen zum Beispiel dehnten ihren Einflussbereich der öffentlichen Erziehung auf immer größere Bereiche von Kindheit und Jugend aus, die Ärzteschaft monopolisierte das System der medizinischen Überwachung und Behandlung, Ingenieure schufen räumliche Planungs- und Versorgungsmonopole, die Standards der technischen Infrastrukturnetze setzten (Trinkwasserversorgung, Abfallentsorgung, Verkehr, Städtebau), und Akteure der Sozialen Arbeit konstituierten den Komplex der Wohlfahrt als System sozialer Hilfen, Intervention und Überwachung. Die neue soziale Profession entwickelte die Technologie der Wohlfahrtsproduktion und monopolisierte spezielle amtliche Interventionsschemata zur Beurteilung von Lebensverhältnissen und zur Veränderung von Verhaltensmustern.

Die Ausdifferenzierung von wissenschaftlichen und methodischen Grundlagen der sozialen Arbeit kann als ein Aspekt dieses Professionalisierungsprozesses vom 19. über das 20. bis ins 21. Jahrhundert verstanden werden. Die Herausbildung eines fachlichen Kanons von Dienstleistungen für die Zielgruppen repräsentiert in der zweiten Hälfte des 20. Jahrhunderts einen dieser Entwicklungsschritte und die Anerkennung der betriebsförmigen Einbettung des fachlichen Handelns im Sektor der Sozialwirtschaft einen weiteren Entwicklungsschritt.

Im 19. und 20. Jahrhundert war die soziale Arbeit eng an den Staatsapparat gebunden, so dass das Handlungsfeld noch nicht als wirtschaftlich etikettiert wurde. In der zweiten Hälfte des 20. Jahrhunderts formierten sich wirtschaftsliberale Kräfte unter dem Etikett des Neoliberalismus und propagierten, dass der Markt dem Staat grundsätzlich „als Mittel zur Lösung von Problemen und zur Erreichung zivilisatorischer Ziele vorzuziehen" sei (vgl. Crouch 2011, S. 27). Mit der Befürwortung einer Privatisierung öffentlicher Dienste und ihrer Ausrichtung an Marktmechanismen bewirkte der Neoliberalismus einen grundlegenden Wandel: Die Prinzipien des Marktes wurden auch zum wichtigsten Maßstab der sozialen Dienste und Institutionen erklärt (vgl. Crouch 2011, S. 51). In den 1990er Jahren verdeutlichte das Schlagwort der *Ökonomisierung,* dass soziale Dienstleistungen inzwischen als marktbasiert wahrgenommen wurden. Die Akteure waren nun gezwungen, quasi wie Wirtschaftsunternehmen auf einem Sozialmarkt zu handeln, der in der Form der nutzenorientierten Sozialwirtschaft zur Unterscheidung von der herkömmlichen gewinnorientierten Erwerbswirtschaft abgegrenzt wurde. Die Herausbildung einer Technologie des Managements für die Organisation der sozialen Arbeit in der Sozialwirtschaft sowie einer Technologie des Controllings markieren am Ende des 20. Jahrhunderts diesen Entwicklungsschritt.

Der britische Politikwissenschaftler Stephen P. Osborne hat diesen jüngeren Entwicklungsprozess in ein Modell eingeordnet. Danach verschob sich die Einbettung der sozialen Arbeit im Lauf der vergangenen Jahrzehnte vom vorherrschenden Typ der hierarchischen öffentlichen Verwaltung nach dem Zweiten Weltkrieg (Public Administration) über die ökonomische Modernisierung nach dem Neuen Steuerungsmodell in den 1990er Jahren (New Public Management) zum Ansatz der New Public Governance (vgl. Osborne 2006). Allerdings handelt es sich

Abbildung 2-1 Verschachtelung von öffentlicher Verwaltung, ökonomischer Modernisierung und Public Governance

Foto und Grafik: © Herbert Schubert

nicht um eine konsekutive Abfolge, wie mit der Metapher der russischen Puppe „Matrjoschka" veranschaulicht werden kann (vgl. Abb. 2-1). Wie bei den ineinander verschachtelten Holzfiguren verschwindet der jeweilige frühere Ansatz nicht, sondern bleibt im Kontext des neuen in hybrider Form erhalten. Das Instrumentarium des Public Managements ersetzt somit nicht den traditionellen Ansatz der administrativen Hierarchie; es handelt sich quasi nur um eine Durchgangsstation zu einem *komplexeren Mix von Steuerungsansätzen* in der zweiten Dekade des 21. Jahrhunderts.

In der konzeptionellen Schrittfolge von Verwaltungslogik, ökonomisierter Neuer Steuerung und New Public Governance gewinnt der Netzwerkansatz zunehmend an Bedeutung. Die Verschachtelung der drei Ansätze unterstreicht, dass die Relation zwischen der kommunalen Administration und den Diensten der Sozialwirtschaft schrittweise neu ausgestaltet wird. Das kommunale Regime – im Sinn von Regieren, Leiten und Lenken einer Gebietskörperschaft – hat sich im Laufe dieser Zeit deutlich verändert. Während Top-Down-Führungsmuster abgenommen haben, war eine *Zunahme partizipatorischer, interaktiver und indirekter Formen der Politikgestaltung* zu verzeichnen. Dies führte in der kommunalen Steuerung zu einer *Netzwerkorientierung*, weil das Organisationsmuster des Netzwerks den horizontalen Austausch unter den verschiedenen Stakeholdern in der Kommune ermöglicht.

2.1 Von der hierarchischen Steuerung der öffentlichen Verwaltung zur ökonomisch fokussierten Steuerung des Public Management

Das traditionelle Modell der öffentlichen Verwaltung (Public Administration) betont vor allem die rechtlichen Grundlagen und basiert auf fachlichem Personal, das in formalen Hierarchien angeordnet ist. In Deutschland ist die öffentliche Verwaltung plural und heterogen ausgeprägt: Neben der Bundes- und Landesverwaltung spielen Sonderformen der Verwaltung durch Körperschaften, Stiftungen und Anstalten eine Rolle, aber den größten Umfang macht die kommunale Selbstverwaltung aus (vgl. Seibel 2016). Im kommunalen Kontext sind die Abläufe auf die administrative Durchsetzung von Regeln und Richtlinien fokussiert. Beispielsweise werden die kommunalen Politiken im Allgemeinen und die Erbringung sozialer Dienstleistungen im Besonderen bürokratisch so umklammert, dass kaum interpretative Spielräume und Gelegenheiten zur Partizipation von Interessen- und Anspruchsgruppen bestehen. Dies betrifft auch die enge Gestaltung der Budgetverwendung. Kennzeichnend für dieses Modell war auch eine Vormachtstellung der Professionellen und ihrer Träger bei der Dienstleistungsproduktion.

Durch das New Public Management, das in Deutschland in den Neunziger Jahren unter der Bezeichnung „Neues Steuerungsmodell" der KGSt (Kommunale Gemeinschaftsstelle für Verwaltungsmanagement in Köln) Einzug hielt, wurden die Richtlinien der öffentlichen Verwaltung nicht außer Kraft gesetzt, sondern ökonomisch überformt. Der Übertragung betriebswirtschaftlicher Instrumente und Techniken des Managements aus dem privatwirtschaftlichen Sektor sowohl in das kommunale Handeln im Allgemeinen als auch in das sozialwirtschaftliche im Besonderen lag die Erwartung zugrunde, dass das Leistungsvermögen der Dienste und Einrichtungen in öffentlicher Trägerschaft sowohl effizienter als auch effektiver wird. Von den freien Trägern der Dienstleistungen wurde eine Übernahme der unternehmerischen Perspektive verlangt: Im Rahmen einer Outputsteuerung müssen Dienstleistungen seitdem sowohl von der Kostenseite her gesteuert als auch von der Ergebnisseite her evaluiert werden. Das Controlling, das zuvor bei der öffentlichen Verwaltung lag, wurde in die Organisation hinein verlagert.

Mit der Betonung von Entstaatlichung bzw. Privatisierung, Kontraktmanagement, Wirkungsmessung und Benchmarking präsentierte sich das Neue Steuerungsmodell in der Tradition der neoklassischen Ökonomie und der Rational Choice Theorie (vgl. Crouch 2011, S. 34 ff.): Für das Erbringen von sozialen Dienstleistungen in der Kommune wurde die Flexibilität und Effizienz des neoliberalen Unternehmens zum Maßstab erklärt. Die Akteure der sozialen Daseinsvorsorge müssen im Stadtteil und im Wohnquartier unter dieser Leitlinie marktförmig agieren – ihre Leistungen werden nach der Qualität und den finanziellen Vorgaben definiert. Zugleich wurde die Zuwendung öffentlicher Mittel in ein marktförmiges Wettbewerbsmodell eingebettet und kennwertbezogen kontraktiert (vgl. Dahme und Wohlfahrt 2000). Weitgehend ausgeblendet wurde dabei das pluralistische Geflecht von Ressourcen und Interessen in der Kommune, die von freiwilligen Initiativen über privates Engagement bis zu Traditionen freigemeinnütziger Träger reichen.

Das Neue Steuerungsmodell gemäß dem New Public Management und die damit verbundene Qualitätsorientierung setzte in der Sozialwirtschaft starke Impulse. Im Gegensatz zur Richtlinienorientierung der Kommunalverwaltung wurde Vernetzung aus der ökonomischen Perspektive erstmalig thematisiert. Allerdings blieb die Perspektive dabei eng fokussiert auf die Effizienz und die Effektivität, um den Prozess des Erbringens von Dienstleistungen als Handlungskette vorrangig in wirtschaftlicher Hinsicht zu optimieren. Die praktische Umsetzung setzt auf verschiedenen Ebenen an: Sie reicht von der effizienteren Koordination lokaler Dienste und Akteure in dezentraler Fach- und Ressourcenverantwortung bis hin zum integrierten Handlungsansatz, die professionellen Akteure in einem geographischen Gemeindeareal nach dem Konzept der Sozialraumorientierung zu koordinieren. Allerdings wurde der Managementansatz zunehmend als nicht hinreichend eingeschätzt, weil einerseits der intraorganisationale Blickwinkel auf die einzelne Organisation und andererseits die Effizienzorientierung dominiert. Als umfassenderer Ansatz zog sukzessiv die Public Governance das Interesse auf sich.

2.2 Steuerung in Netzwerken nach der Logik der Public Governance

Der aktive Netzwerkbegriff – im Sinne eines Netzwerkaufbaus als Tätigkeit – steht in einer engen Beziehung zum Governance-Begriff, der Steuerungsprozesse nicht mehr streng hierarchisch auffasst, sondern die *Interdependenzen der Akteure* betont und sich damit von der traditionellen Staatsfixierung distanziert (vgl. Benz 2004; Bogumil 2004). Die Interdependenzen finden Ausdruck in *interorga-*

nisatorischer Kooperation und Koordination bzw. entsprechenden neuen Steuerungsformen, deren Entscheidungsprozesse auf Verhandlungen basieren, in die alle relevanten Akteure aus Politik und anderen gesellschaftlichen Feldern ein bezogen sind.

Governance erfolgt im Rahmen einer Netzwerkkooperation, (a) weil die Bedeutung hierarchischer Strukturen abnimmt und dezentrale Verantwortungsstrukturen an Bedeutung gewinnen, (b) weil die Kooperation staatlicher, privater und gesellschaftlicher Akteure Sektoren, Ressorts und Organisationen übergreift, (c) weil die Steuerung im Prozess der Interaktion zwischen den Akteuren erfolgt und (d) dabei eine kontinuierliche Verständigung über gemeinsame Problemdefinitionen und Handlungsziele stattfindet (vgl. Fürst und Zimmermann 2005).

Kooperationsstrukturen der Governance sind somit an den Netzwerkmodus gebunden, der weder eine starke vertikale Hierarchisierung noch eine starke horizontale Sektorenabgrenzung beinhaltet. Nach dem Governance-Verständnis des „kooperativen Staates" ist der Staat nicht mehr zentrales Steuerungszentrum, sondern Ko-Akteur (primus inter pares) in einem informellen und formellen Verhandlungsnetz von staatlichen und gesellschaftlichen Akteuren. Die staatliche Handlungsfähigkeit wird über Verhandlungsbeziehungen in der Vernetzung mit relativ autonomen gesellschaftlichen Akteuren hergestellt.

Diese weitere Stufe der Modernisierung zur Public Governance, die im Fachdiskurs schon im Laufe der 1990er Jahre erörtert wurde (vgl. Osborne 2006), etabliert sich in der kommunalen Praxis seit Mitte des ersten Jahrzehnts des 21. Jahrhunderts. Die Governancelogik setzt auf den Ausbau von lokalen Arenen der Partizipation, in denen der dialogische Austausch der öffentlichen und privaten Akteure über die reine Wahldemokratie hinaus gefördert wird. Governance soll Legitimität im Rahmen der Mobilisierung von zivilgesellschaftlichen Ressourcen, Energien und Ideen in der Kommune erzielen: „At the bottom of this new participatory trend we have the notion of active citizenship that tends to replace the liberal notion of citizenship that conceives the citizen as a passive bearer of legal rights" (Torfing und Triantafillou 2013, S. 16).

Die Steuerung von Belangen der Sozialwirtschaft ist nicht mehr monozentral auf die kommunale Verwaltung beschränkt, sondern es bilden sich netzförmige Steuerungsformen heraus, mit denen die Verantwortung der sozialen Dienstleistungsproduktion in die Selbststeuerung der beteiligten Stakeholder und ihrer kooperativen Verbünde gelegt wird. Torfing und Triantafillou bezeichnen die Situation daher als „Multi-Actor Collaboration": Indem Governance als „increased collaboration between different levels and organizations within the public sector and increased collaboration between the public and private sectors" verstanden wird (ebd., S. 17f.), werden die lokalen Akteure zur partizipativen Mitgestaltung befähigt und die Entwicklung von lokalen Lösungen anerkannt.

Unter der Governance-Perspektive werden die unabhängigen, aber interdependenten Interessens- und Anspruchsgruppen aus unterschiedlichen organisationalen Feldern mit jeweils eigener Handlungsrationalität – die so genannten Stakeholder – einbezogen (vgl. Benz 2004). Ihre Mitgestaltungsmöglichkeiten nehmen zu, weil die kommunalen Agenturen ihre traditionelle hierarchische Rolle zurücknehmen und das Zusammenspiel nach verabredeten Regeln eher koordinieren als steuern. Torfing und Triantafillou beschreiben das Zusammenspiel als

> „variety of interactive forms of governing ranging from mechanisms stimulating dialogue between public and private actors over sustained participation of affected stakeholders in policy implementation to institutionalized networks of interdependent public and private actors seeking to conceive and formulate public policies" (2013, S. 14).

Im Vergleich der skizzierten Entwicklungsstufen lässt sich das Profil erkennen, das den Governance-Ansatz prägt (vgl. Osborne 2006, S. 383, vgl. Tab. 2-1): Die theoretischen Grundlagen sind vor allem in der Organisationssoziologie und Netzwerktheorie verankert. Die ökonomische Rationalität von Managementtheorien, die dem Neuen Steuerungsmodell zugrunde liegt, spielt eine untergeordnete Rolle. Dem traditionellen Verständnis des kommunalen Handelns – mit einer monozentralen Perspektive der öffentlichen Verwaltung – und der ökonomisierten Fortentwicklung – mit dem Postulat einer Trennung von Staat und Privaten im New Public Management – setzt die Governancelogik die pluralistische Perspektive eines polyzentrischen Handlungszusammenhangs gegenüber. Während die Neue Steuerung den Fokus auf das intraorganisationale Management richtet, weitet sich die Perspektive der Governance zur interorganisationalen Kooperation und Koordination auf.

Die Gewichte verschieben sich von den politischen Vorgaben und über den Managementfokus in der Logik der öffentlichen Verwaltung hin zur Betonung der Dienstleistungs-Koproduktion in der Public Governance, indem sowohl der Nutzen für die Adressatinnen und Adressaten als auch der Nutzen für die Stakeholder einen besonderen Stellenwert erhalten. Dabei verändert sich auch die Stellung der Akteure: Während sie in der Logik der öffentlichen Verwaltung lediglich Agenten des Prinzipals Kommune darstellen und im ökonomischen Verständnis zu unabhängigen Anbietern und Konkurrenten auf dem Sozialmarkt erklärt werden, löst sich das Konzept der Governance von der Atomisierung der Akteure – im Gegenteil: ihre Interdependenz wird in der kommunalen Daseinsvorsorge bewusst wahrgenommen.

Das hat Konsequenzen für die Steuerungsmechanismen: Statt auf die Hierarchie der öffentlichen Verwaltung und auf die klassischen sowie neoklassischen Verträge der Marktlogik des Public Management zu setzen, baut der Gover-

Tabelle 2-1 Elemente der Public Governance im Kontrast zur Public Administration und zum Public Management

Schlüssel-Elemente	Theoretische Grundlagen	Verständnis staatlichen Handelns	Fokus	Gewichtung	Beziehung zu Partnern	Steuerungsmechanismen	Wertebasis
Öffentliche Verwaltung	Politik- und Verwaltungswissenschaft	einheitlich, monozentral	Politisches System	Implementierung politischer Vorgaben	Strikte Prinzipal-Agenten-Beziehung	Hierarchie	Ethos des öffentlichen Dienstes
New Public Management (Neue Steuerung)	Rational Choice, Managementtheorien	Trennung Staat und Privates	Intra-organisationales Management	Input und Output der Dienstleistungen	Unabhängige, atomisierte Anbieter, Markt mit Wettbewerb	Markt mit klassischen und neoklassischen Verträgen	Wirksamkeit von Konkurrenz und Markt
New Public Governance	Organisationssoziologie und Netzwerktheorie	Pluralistisch, polyzentrisch	Inter-organisationale Kooperation	Dienstleistungsprozesse, Nutzen und Wirkungen	Horizontale Prozessketten, längerfristige Interdependenz der Akteure	Vertrauen und relationale (Netz-)Verträge	Neo-Korporatismus: Einbindung aller lokaler Interessen

Quelle: Übersetzung der Tab. von Osborne 2006, S. 383 (in: Schubert 2015).

nance-Ansatz auf dem gegenseitigen Vertrauen unter den Akteuren auf und bevorzugt die horizontale Koordination ihres Netzwerkverbunds. Eine deutliche Differenz tritt auch in der Wertebasis zu Tage: Weder das Ethos des Dienens der öffentlichen Verwaltung noch der Glauben an die ökonomische Effizienz spielen für die Public Governance eine Rolle. Stattdessen herrscht eine neo-korporatistische Haltung vor, nach der die Interessen und Anspruchsgruppen in der Kommune einzubeziehen sind und an kommunalpolitischen Entscheidungen teilhaben sollen.

Mit der neuen Leitlinie der Governance wird die hierarchische Steuerung in der Kommune gedämpft und im Kontext horizontaler und dezentralisierter (d. h. weniger bei staatlichen Agenturen angesiedelten) Formen der Partizipation neu interpretiert. Unter Berücksichtigung der Handlungsrationalität und -kapazität von Akteuren werden die Fragen des kommunalen Handelns in institutionellen Arrangements verhandelt, die auf der Grundlage des Netzwerkkonzepts gestaltet werden (vgl. Osborne 2010, S. 9). Der Netzwerkmodus überwindet sowohl die vertikale Hierarchisierung als auch die horizontale Versäulung der Fachressorts (vgl. Schubert 2017a). Die kommunalen Entscheidungsprozesse basieren danach zunehmend auf Verhandlungen, in die alle relevanten Akteure aus Politik und anderen gesellschaftlichen Feldern einbezogen werden.

2.3 Reframing der kommunalen Steuerung

Der Prozess lässt sich auch als „Reframing" beschreiben, was beispielsweise in der systemischen Psychotherapie die Umdeutung zu einer neuen Metapher bedeutet, wodurch der Situation eine andere Bedeutung und ein anderer Sinn zugewiesen wird (vgl. Bandler und Grinder 2000). Es handelt sich um eine neue Rahmung der Steuerungsmuster in der kommunalen Daseinsvorsorge. Der traditionelle Rahmen der Verwaltung, der auf der Metapher der Hierarchie basiert, wurde mit dem Rahmen der betriebswirtschaftlichen Managementlogik neu gefasst, der die Metapher des Marktes zu Grunde liegt. Mit dem neuen Rahmen der Governance wird die Metapher des interdependenten Netzwerks in den Blickpunkt gerückt (vgl. Abb. 2-2).

Aus der Perspektive der Organisationswissenschaften lässt sich das *Reframing* von vier Dimensionen kennzeichnen (vgl. Bolman und Deal 2013):

- Auf der *strukturellen Ebene* werden neue Regeln, Prozeduren und Aufbauorganisationen – wie Netzwerke und moderierte Austauschformen – geschaffen, um die Ziele an den Bedarf anzupassen, das Rollen- und Beziehungsgefüge sowie die arbeitsteilige Kooperation neu zu gestalten.

Abbildung 2-2 Neue Rahmungen von der verwalteten zur modernisierten Kommune

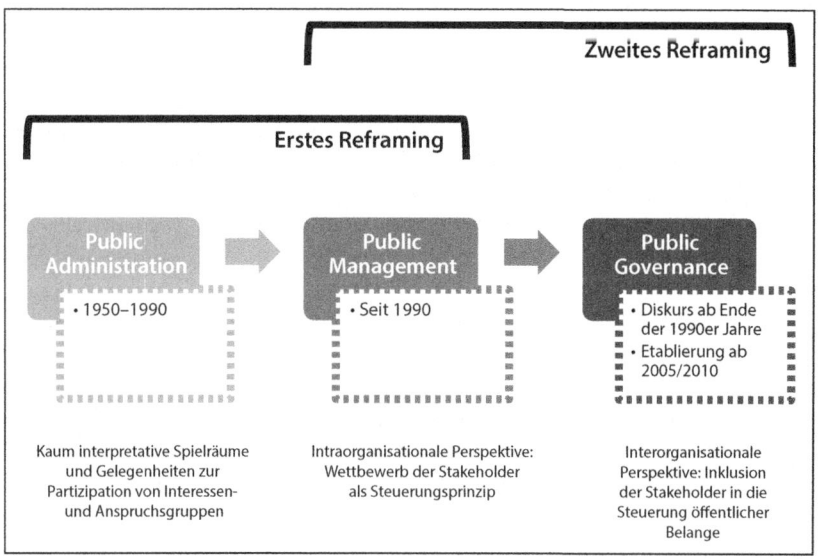

Eigene Darstellung

- Auf der Ebene der *Humanressourcen* werden das Kompetenzprofil erweitert und die Befähigung gefördert, an interdisziplinären Schnittstellen neue Beziehungen zu schaffen.
- Auf der *politischen Ebene* entstehen in der Kommune neue Arenen des Austausches und neue Verhandlungsformen zwischen den beteiligten Akteuren, deren Bezeichnungen von Netzwerk bis zum Runden Tisch reichen.
- Auf der *symbolischen Ebene* entstehen neue sprachliche Muster des interdisziplinären Austausches und Kulturen, die bestehende Systemgrenzen überschreiten. Durch die verbindende Kommunikation und Interaktion werden neue Symbole, Mythen und Narrative geschaffen.

Vor diesem Hintergrund trägt die Abfolge von Verwaltungs-, Management- und Governancelogik dazu bei, dass sich die Machtverhältnisse in der Kommune und in ihren Sozialräumen verschieben und der Einfluss einer direktiven öffentlichen Verwaltung und einer rein ökonomisch fundierten Steuerung etwas in den Hintergrund tritt. In einer neu kalibrierten Balance bilden die kommunale Administration (mit den rechtlichen Grundlagen), das ökonomische Management (mit einem Blick auf die Ressourcen) und die lokale Governance (mit einem Blick auf die

Adressatinnen und Adressaten sowie mit der Befähigung lokaler Netzwerke zu einer teilweise selbstorganisierten Steuerung) einen geeigneten neuen Rahmen für die kommunale Entwicklung in der spätmodernen Gesellschaft.

Die wichtigsten Aspekte:
1) Der Professionalisierungsprozess hin zur Sozialwirtschaft verlief in mehreren Stufen: Nach dem Entwicklungsmodell von Osborne verschob sich die Einbettung der sozialen Dienstleistungen von der – eng an den Staatsapparat gebundenen – hierarchischen öffentlichen Verwaltung nach dem Zweiten Weltkrieg (Public Administration) über die ökonomische Modernisierung nach dem Neuen Steuerungsmodell in den 1990er Jahren (New Public Management) zum Ansatz der New Public Governance. Der jeweilige frühere Ansatz verschwand dabei nicht, sondern blieb im Kontext des neuen in hybrider Form erhalten.
2) Dabei verschiebt sich auch die Wertebasis vom Ethos des Dienens der öffentlichen Verwaltung über den Glauben an die ökonomische Effizienz hin zu einer Haltung, nach der die Interessen und Anspruchsgruppen in der Kommune in die kommunalpolitischen Entscheidungen einzubeziehen sind.
3) Unter den Bedingungen der hierarchischen öffentlichen Verwaltung wurde die Erbringung sozialer Dienstleistungen im Besonderen bürokratisch umklammert, so dass kaum interpretative Spielräume und Gelegenheiten zur Partizipation von Interessen- und Anspruchsgruppen bestanden. Kennzeichnend für dieses Modell war eine Vormachtstellung der Kommune, der Träger und der Professionellen bei der Dienstleistungsproduktion.
4) Die Form der Sozialwirtschaft – im Unterschied zur herkömmlichen Erwerbswirtschaft – resultierte daraus, dass von den Anbietern der sozialen Dienstleistungen im Rahmen des New Public Management ab ca. 1990 erwartet wurde, wie Wirtschaftsunternehmen auf einem Sozialmarkt zu handeln. Der Übertragung betriebswirtschaftlicher Instrumente und Techniken des Managements aus dem privatwirtschaftlichen Sektor sowohl in das kommunale als auch in das Handeln der Maßnahmenträger lag die Erwartung zugrunde, dass das Leistungsvermögen der Dienste und Einrichtungen sowohl effizienter als auch effektiver wird.
5) Vernetzung wurde in der ökonomischen Perspektive fokussiert auf Effizienz und Effektivität, um den Prozess des Erbringens von Dienstleistungen zu optimieren. Das pluralistische Geflecht von Ressourcen und Interessen in der Kommune, die von freiwilligen Initiativen über privates Engagement bis zu Traditionen freigemeinnütziger Träger reichen, wurde im Public Management weitgehend ausgeblendet.
6) In der Abfolge von Verwaltungslogik, ökonomisierter Neuer Steuerung und Public Governance gewinnt der Netzwerkansatz zunehmend an Bedeutung.

Das kommunale Regime – im Sinn von Regieren, Leiten und Lenken einer Gebietskörperschaft und ihrer Belange der sozialen Daseinsvorsorge – hat sich im Lauf dieses Prozesses verschoben: Top-Down-Führungsmuster nahmen ab und partizipatorische Formen der Politikgestaltung zu.

7) Nach der Governance-Logik werden Steuerungsprozesse nicht mehr streng hierarchisch aufgefasst, sondern es werden die Interdependenzen der Akteure berücksichtigt (Multi-Akteure-Kollaboration). Kooperationsstrukturen der Governance sind an den Netzwerkmodus gebunden, der weder eine starke vertikale Hierarchisierung noch eine starke horizontale Sektorenabgrenzung beinhaltet. Gefördert wird der dialogische Austausch zwischen den öffentlichen und privaten Akteuren in lokalen Arenen der Partizipation.
8) Während die Neue Steuerung den Fokus auf das intraorganisationale Management richtet, weitet sich die Perspektive der Governance zur interorganisationalen Kooperation und Koordination auf.
9) Die Gewichte verschieben sich von den politischen Vorgaben der öffentlichen Verwaltung und über den Managementfokus hin zur Betonung der Dienstleistungs-Koproduktion, indem sowohl der Nutzen für die Adressatinnen und Adressaten als auch der Nutzen für die Stakeholder einen besonderen Stellenwert erhalten.
10) Unter der Leitlinie der Governance werden die Fragen der kommunalen Daseinsvorsorge in institutionellen Arrangements verhandelt, die auf der Grundlage des Netzwerkkonzepts gestaltet werden. Die Entscheidungsprozesse basieren zunehmend auf Verhandlungen, in die alle relevanten Stakeholder einbezogen werden.

Literaturempfehlungen zur Vertiefung

Für die vertiefte Auseinandersetzung mit der „Public Governance" und der inhärenten „Netzwerkorientierung" folgen hier ein paar Literaturempfehlungen:

Crouch, C. (2011). *Das befremdliche Überleben des Neoliberalismus*. Frankfurt am Main: Suhrkamp.
Osborne, S. P. (2006). The New Public Governance. *Public Management Review*, 8, (S. 377–387).
Schubert, H. (2015). Lokale Governance – Einführung in das Konzept. In J. Knabe, A. v. Rießen & R. Blandow (Hrsg.), *Städtische Quartiere gestalten. Kommunale Herausforderungen und Chancen im transformierten Wohlfahrtsstaat* (S. 113–130). Bielefeld: transcript.

Empfehlungen für praxisbezogene Vertiefungen

Übertragen Sie das Entwicklungsmodell von Stephen P. Osborne auf einen Träger der Freien Wohlfahrtspflege in Ihrem Wohnort: Erzählen Sie die Geschichte, wie sich die Dienstleistungsproduktion verändert hat – beginnend bei der früheren Abhängigkeit von der hierarchischen öffentlichen Verwaltung über die Anpassungsleistungen im Rahmen des New Public Management in den 1990er Jahren bis hin zu Formen der New Public Governance in der Gegenwart.

Sammeln Sie Beispiele für die Wertebasis vom (1) Ethos des Dienens in der öffentlichen Verwaltung, (2) von der Orientierung an der ökonomischen Effizienz des Marktes und (3) von der Interdependenz der Interessens- und Anspruchsgruppen in der Kommune.

Reflektieren Sie, wie die jeweilige Wertebasis das fachliche Handeln bei der Erbringung der sozialen Dienstleistung beeinflussen kann.

Reflektieren Sie, inwiefern das kommunale hierarchische Regime durch partizipatorische Formen des Einbezugs von Stakeholdern erweitert und erneuert wird.

Reflektieren Sie, warum sich der Netzwerkmodus für die Kooperationsstrukturen der Governance eignet.

Literatur

Bandler, R., & Grinder, J. (2000). *Reframing. Ein ökologischer Ansatz in der Psychotherapie.* Paderborn: Junfermann.

Benz, A. (Hrsg.) (2004). *Governance. Regieren in komplexen Regelsystemen.* Wiesbaden: VS Verlag für Sozialwissenschaften.

Bogumil, J. (2004). Bürgerkommunen als Perspektive der Demokratieförderung und Beteiligungsstärkung. In F. Kessl & H.-U. Otto (Hrsg.), *Soziale Arbeit und Soziales Kapital. Zur Kritik lokaler Gemeinschaftlichkeit* (S. 113–123). Wiesbaden: VS Verlag für Sozialwissenschaften.

Bolman, L. G., & Deal, T. E. (2013). *Reframing Organizations. Artistry, Choice, and Leadership.* 5. Aufl., San Francisco: Jossey-Bass.

Crouch, C. (2011). *Das befremdliche Überleben des Neoliberalismus.* Frankfurt am Main: Suhrkamp.

Dahme, H.-J., & Wohlfahrt, N. (Hrsg.) (2000). *Netzwerkökonomie im Wohlfahrtsstaat. Wettbewerb und Kooperation im Sozial- und Gesundheitssektor.* Berlin: edition sigma.

Fürst, D., & Zimmermann, K. (2005). *Governance. Ein tragfähiges Analysekonzept für Prozesse regionaler oder lokaler Selbststeuerung.* Endbericht des DFG Projektes FU 101/22-1 2005, Leibniz Universität Hannover.

Osborne, S. P. (2006). The New Public Governance. *Public Management Review,* 8, (S. 377–387).
Osborne, S. P. (Hrsg.) (2010). *The New Public Governance.* London: Routledge.
Seibel, W. (2016). *Verwaltung verstehen. Eine theoriegeschichtliche Einführung.* Frankfurt am Main: Suhrkamp.
Schubert, H. (2015). Lokale Governance – Einführung in das Konzept. In J. Knabe, A. v. Rießen & R. Blandow (Hrsg.), *Städtische Quartiere gestalten. Kommunale Herausforderungen und Chancen im transformierten Wohlfahrtsstaat* (S. 113–130). Bielefeld: transcript.
Schubert, H. (2017a). Identifizierung und Gestaltung von Netzwerken in der Kommune. In W. Lindner & W. Pletzer (Hrsg.), *Kommunale Jugendpolitik* (S. 285–297). Weinheim: Beltz Juventa.
Swaan, A. de (1993). *Der sorgende Staat. Wohlfahrt, Gesundheit und Bildung in Europa und den USA der Neuzeit.* Frankfurt am Main, New York: Campus.
Torfing, J., & Triantafillou, P. (2013). What's in a name? Grasping New Public Governance as a political-administrative system. *International Review of Public Administration,* 18, (S. 9–25).

Theoretische Grundlagen der Netzwerktheorie 3

Zusammenfassung

Die Netzwerktheorie korrespondiert mit einem neuen Menschenbild, nach dem die Orientierung und das Handeln mehr von den Bezugspersonen als von der sozialen Struktur beeinflusst wird. Zu Grunde liegt ein Mechanismus der Übertragung nicht nur über die direkten Kontakte, sondern auch über die indirekten Kontakte der Kontakte mit weiteren Kontakten. Deshalb haben im Konzept des Netzwerks neben den direkten auch die indirekten Kontakte Bedeutung. Das Netzwerk stellt folglich eine effiziente Organisationsform dar, weil nicht alle Akteure miteinander verbunden sein müssen. Zwischen den Beziehungskreisen im Netzwerk mit häufiger Kommunikation entstehen unverbundene Zonen, die als strukturelle Löcher bezeichnet werden. Die Überbrückung dieser Netzwerkbereiche ist ein wichtiges Thema in der Sozialwirtschaft. Besonders anerkannt ist gegenwärtig die phänomenologische Netzwerkperspektive, die weder vom einzelnen Akteur noch von normativ unterlegten gesellschaftlichen Strukturen ausgeht, sondern vom relationalen Beziehungsgefüge. Eine ergänzende Perspektive eröffnet die Akteur-Netzwerk-Theorie, die die Fokussierung auf Menschenbeziehungen durch den Einbezug von nicht-humanen Entitäten überwindet.

Lernziel

Um einer unscharfen metaphorischen Verwendung des Netzwerkbegriffes vorzubeugen, wird in diesem Kapitel ein fundiertes Grundverständnis von Netzwerken als konkrete Beziehungskonstellationen vermittelt. Die Lernschritte umfassen im Einzelnen: die Abgrenzung des Menschenbildes der Netzwerktheorie vom betriebswirtschaftlich verwendeten Orientierungsrahmen des

Homo Oeconomicus, die Unterscheidung des Netzwerkbegriffs von der Kategorie der Gruppe, die Beherrschung von Grundbegriffen und Argumentationsfiguren der Phänomenologischen Netzwerktheorie und die Unterscheidung der besonderen Kennzeichen der Akteur-Netzwerk-Theorie.

3.1 Das Menschenbild der Netzwerktheorie

In der Logik der Netzwerktheorie entscheidet das Individuum nicht isoliert, wie es handelt und was es tut; das Handeln wird stattdessen als eine „Funktion des sozialen Umfelds" aufgefasst und somit von der Einbettung bestimmt (vgl. Fuhse 2010, S. 170 f.). Nach dem netzwerktheoretischen Menschenbild werden sowohl das Denken als auch das Handeln stark von den umgebenden konkreten Beziehungen und Bezugspersonen beeinflusst und nicht von sozialen Strukturkategorien und Kontexten. Die Einbettung in soziale Netzwerke erklärt kulturelle Orientierungen und Praktiken verlässlicher als die Kategorie des sozioökonomischen Status. Traditionell zugeschriebene Merkmale wie Geschlecht, sozialer Status der Eltern, Migrationshintergrund oder auch Intelligenz erklären die Unterschiede nicht hinreichend, sondern „die tatsächlichen Positionen in sozialen Netzwerken und damit interdependente Zugänge (oder deren Fehlen) zu sozialen Ressourcen" (Clemens 2017, S. 44). Das darf nicht mit dem Phänomen des Gruppendrucks verwechselt werden, denn die Einbettung in das Netzwerk lässt einen breiten Spielraum für das individuelle Handeln, so dass der Akteur sowohl von seinem Beziehungsgefüge in vielfältiger Weise geprägt wird als auch selektiv eigene Entscheidungen trifft. Fuhse merkt dazu an:

„Kultur wird dadurch komplex, möglicherweise sogar widersprüchlich – wie zum Beispiel bei Migranten der Zweiten Generation, die in Elternhaus, Schule und Freundesgruppe mit ganz unterschiedlichen symbolischen Mustern konfrontiert sind" (2010, S. 172).

Insofern repräsentieren die einzelnen individuellen Handlungen ein Bündel von komplexen Einflüssen aus den verschiedenen Beziehungskontexten auf der Netzwerkebene heraus.

Auch Christakis und Fowler wenden sich gegen das traditionelle Modell des „homo oeconomicus", der rational, egoistisch und autonom handelt (vgl. 2010, S. 285 f.). In der Netzwerklogik entwickeln sie das *Konstrukt des Netzwerkmenschen* – des „homo dictyos" (vom lateinischen homo für Mensch und vom griechischen diktyon für Netzwerk): Sein Verhalten lässt sich nicht auf das Eigeninteresse reduzieren – alle Entscheidungen werden in Abhängigkeit vom Beziehungsgefüge getroffen, d. h. die soziale Einbettung beeinflusst das Verhalten

Abbildung 3-1 Veränderung des Menschenbildes

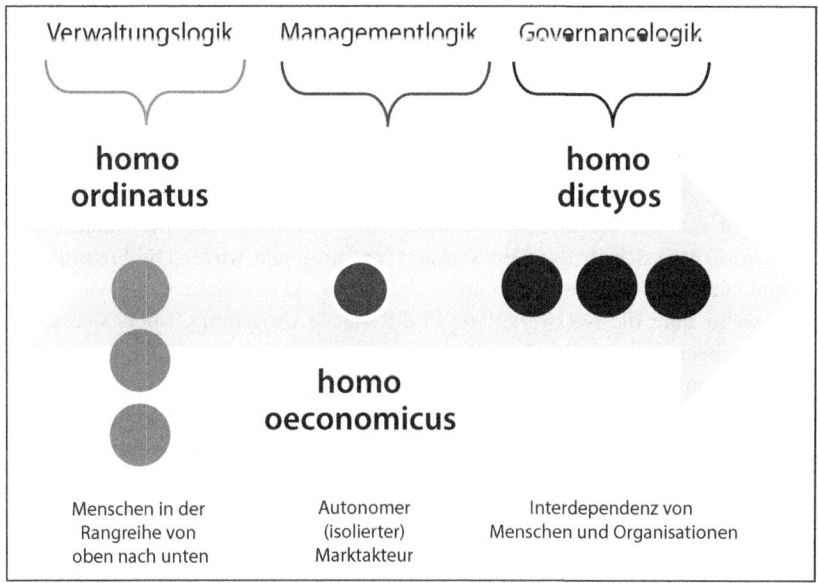

Eigene Darstellung

(vgl. Abb. 3-1). Soziale Beziehungen werden dabei als „Leiterbahnen" verstanden, über die sich positive wie negative Handlungsmuster und Haltungen verbreiten (vgl. ebd., S. 21f.). An der einfachen exemplarischen Organisationsform der Telefonkette einer Schulklasse lässt sich das veranschaulichen: Die Weitergabe – z. B. von Information – erfolgt in spezifischen Anordnungen von Schülerinnen, Schülern und deren Eltern nach dem systematischen Prinzip, dass jeder Haushalt mit zwei weiteren – jeweils einer davor und danach postiert – zu einer Kettenreaktion verbunden ist. Aus diesem Bild leiten Christakis und Fowler zwei grundlegende Charakteristika sozialer Netzwerke ab: erstens die Beziehung zwischen Personen und zweitens die Übertragung als das, was über die Beziehung weitergegeben wird (vgl. ebd., S. 32).

Der *Mechanismus der Übertragung* lässt sich quasi als Ansteckungseffekt in Netzwerken beobachten: Alles, was jemand tut, beeinflusst seine direkten Kontakte, die Kontakte seiner Kontakte und die Kontakte der Kontakte seiner Kontakte. Und was auf diesen Pfaden passiert, beeinflusst ihn im Gegenzug. Dies korrespondiert mit dem Schwarmprinzip, bei dem durch die koordinierende Interaktion selbständiger einzelner Nachbarn ein komplexes Beziehungssystem ohne zentrales Kommando selbstorganisiert und dynamisch seine Stabilität sichert (vgl. Horn und Gisi 2009). Auf dieser Grundlage wurde das „Gesetz der drei Schritte" formuliert, das die Beeinflussung über indirekte Beziehungen als besonderes Kennzeichen von Netzwerken betont (vgl. Christakis und Fowler 2010, S. 33 ff.). Die ersten beiden Schritte sind: „Wir prägen unser Netzwerk" und „das Netzwerk prägt uns"/„Unsere Freunde prägen uns". Dabei wird auf die anthropologische Grundlage verwiesen, dass Menschen in den direkten Kontakten die Neigung haben, andere zu beeinflussen, aber auch nachzuahmen. Aber der Effekt beschränkt sich nicht nur auf die direkten Kontakte, sondern reicht darüber hinaus, was mit dem dritten Schritt des Netzwerkgesetzes ausgesagt wird: „Die Freunde der Freunde unserer Freunde prägen uns" (ebd., S. 40). Das Verhalten von Menschen wirkt somit über die Netzwerkpfade in die soziale Umgebung, wobei sich sogar Personen beeinflussen, die nicht direkt verbunden sind und sich möglicherweise gar nicht kennen. Der Übertragungsradius endet quasi um drei Ecken: Der Einfluss von Freunden der Freunde von Freunden wirkt noch (schwach) über den Beziehungspfad, aber einen Einfluss der Freunde von Freunden der Freunde unserer Freunde konnten Nicholas Christakis und James Fowler nicht mehr nachweisen. Daraus lässt sich die Erkenntnis ableiten, dass Netzwerke alles verstärken, „was in sie eingespeist wird" (ebd., S. 51). Der subkutan ablaufende Ansteckungseffekt kann empirisch gemessen und seine Stärke relativ bestimmt werden. Beispielsweise werden Einsamkeit (ebd., S. 86 f.), Glück (S. 80) und Übergewicht (S. 144 ff.) im Gefüge der Netzwerkbeziehungen übertragen – immer verringert sich diese Wirkung sozialer Netze erst hinter der dritten Pfaddistanz deutlich auf ein relativ geringes Niveau.

3.2 Abgrenzung des Netzwerkbegriffs vom Gruppenbegriff

Der theoretisch basierte Netzwerkbegriff unterscheidet sich deutlich vom traditionellen Gruppenbegriff: In der sozialen Gruppe zählen nur die direkten Beziehungen, d. h. es wird die vollständige innere Verbundenheit vorausgesetzt. Jedes einzelne Gruppenmitglied muss einen hohen (zeitlichen) Aufwand leisten, um den direkten Kontakt mit jedem anderen Gruppenmitglied aufrechtzuerhalten. Es handelt sich daher häufig um starke Beziehungen (strong ties, vgl. Granovetter 1973) in der Primärumgebung einer Person, in denen Vertrauen, Solidarität und Verbindlichkeit herrschen (vgl. Häußling 2010, S. 74). Wegen dieses umfangreichen Interaktionsaufwandes können Gruppen nur eine vergleichsweise geringe Anzahl von Akteuren integrieren. In der Folge überwiegt in der Gruppe eine Binnenorientierung und nach außen findet eine Abgrenzung statt.

Im Konzept des Netzwerks haben neben den direkten Kontakten auch die indirekten einen hohen Stellenwert – die vollständige innere Verbundenheit wird nicht erwartet. Es interessiert die Einbettung der Akteure über die direkte Verbundenheit hinaus. Gegenüber der begrenzten Anzahl zeitaufwändig zu pflegender starker Beziehungen in der Gruppe fällt der Blick auch auf die Vielzahl von lockeren Beziehungen (weak ties, vgl. Granovetter 1973), die Zugänge zu anderen Netzwerkarealen eröffnen und größere Netzwerkdistanzen überbrücken können. Diese schwachen Beziehungen integrieren Cluster innerhalb des Gesamtnetzwerkes, weil sie als Brücken zwischen den Clustern fungieren (vgl. Avenarius 2010, S. 105). Es handelt sich meistens um punktuelle und instrumentelle Beziehungen, in die nicht die gesamte Persönlichkeit involviert ist. Der Blick fällt dabei einerseits auf die Erreichbarkeit, ob Akteure andere Akteure indirekt – also vermittelt über dazwischen befindlichen Akteuren mit direkten Verbindungen – erreichen können. Andererseits werden Einflussstrukturen in den Blick genommen; dabei ist von Interesse wie durch die Einbettung gegenseitige Beeinflussungen stattfinden, die von Ansteckungseffekten bis zur Herausbildung eigenständiger (Interaktions-)Kulturen reichen. Insgesamt ermöglicht dieser relationale Blick ein umfassenderes Verständnis, nach dem die Gruppen und persönlichen Netzwerkeinbindungen in umfassendere Netzwerkstrukturen eingebettet sind.

Die Sequenzen der Verbindungen zwischen den verschiedenen Beteiligten im Netzwerk werden als Netzwerkpfade bezeichnet (vgl. Pappi 1987). Die Länge eines Pfades ist die Anzahl der direkten Verbindungen zwischen zwei nicht direkt verbundenen Akteuren. So betrachtet stellt das Netzwerk gegenüber der Gruppe die effizientere Organisationsform dar. Während es in der Gruppe nur die Pfadlänge 1 gibt, weil jede Person mit jeder anderen direkt verbunden ist, weist ein Netzwerk eine lockerere Struktur mit teilweise großen Pfaddistanzen auf (Man kennt jemanden, der jemanden kennt ...). Die besondere Qualität eines Netzwerks besteht folglich darin, dass es nach außen eine offene Struktur darstellt: Es können eine höhere Anzahl von Akteuren und fortwährend weitere Knoten über neue Beziehungsanschlüsse integriert werden. Die nicht direkt verbundenen Mitglieder können sich über verschiedene Beziehungspfade erreichen.

Menschen tendieren dazu, im Netzwerk sowohl Gruppen als auch Cluster zu bilden, innerhalb derer mehr und häufiger Kommunikation stattfindet als zwischen diesen Beziehungskreisen. Dies ist meistens das Resultat von sich wiederholenden Interaktionsgelegenheiten – beispielsweise am Arbeitsplatz und im Arbeitsumfeld, also an den Orten, wo die Menschen arbeiten und arbeitsbezogen zusammenkommen. In der Folge verankern sich innerhalb dieser Zusammenhänge ähnliche Sichtweisen und Informationsstände; das gesamte System von Sprachregelungen, Meinungen, Symbolen und Verhaltensmustern wird davon geprägt. Mit zunehmender Dauer wird das implizite Wissen in dem Beziehungsgeflecht relativ komplex, und es ist nur den Mitgliedern bekannt. Es gelingt dann kaum, die Wissensbestände zwischen den Beziehungskreisen in einen Austausch zu bringen. Burt (vgl. 2001) hat zugespitzt formuliert, dass die Information „klebrig" wird, weil sie nicht zwischen den Clustern fließt, sondern jeweils auf den einzelnen Beziehungszusammenhang beschränkt bleibt.

Durch die Tendenz zu solchen Clustern, in denen mehr Verbindungen bestehen als dazwischen, entsteht eine Zone im Netzwerk, die als *strukturelles Loch* oder als strukturelle Lücke bezeichnet wurden („structural holes"). Weil Vermittlungsfunktionen fehlen, ist der Kontakt zwischen den Clustern unterbrochen – der Beziehungsraum zwischen den Netzwerkbereichen ist leer und unverbunden, so dass die Metapher des Lochs bzw. der Lücke naheliegt. Das Konzept von Ronald Burt (vgl. 1992) bleibt nicht auf die Diagnose von Leerstellen beschränkt, sondern richtet weitergehend das Interesse auf die Einbettung eines Knotens in die soziale Struktur und reflektiert Effekte von Brückenbeziehungen (vgl. Scheidegger 2010, S. 145). Die strukturelle Einbettung der Akteure in das Geflecht benachbarter Knoten und die daraus erwachsenden Handlungsmöglichkeiten oder -restriktionen eröffnen Möglichkeiten, zwischen den Akteuren zu vermitteln und daraus Vorteile (für beide Seiten) zu erzielen.

Es werden zwei Arten von komparativen Vorteilen in einem „löchrigen" Netzwerk unterschieden: einerseits Steuerungs- oder Kontrollvorteile und andererseits Informationsvorteile für einige Knoten. Unter einer Kontrollperspektive kann beispielsweise ein Akteur in einem Tauschnetzwerk der „tertius gaudens" – d. h. der lachende Dritte – sein (Simmel 1908, zitiert nach Scheidegger 2010, S. 147), der die kompetitive Beziehung zwischen zwei Anbietern oder Nachfrager derselben Ressource ausnutzt und als Broker fungiert. Neben solchen Steuerungsvorteilen erzeugt die Überbrückung struktureller Löcher auch Informationsvorteile, weil durch die besondere Position, an der mehrere Informationsströme zusammenfließen, reichhaltigeres Wissen gewonnen werden kann (vgl. Scheidegger 2010, S. 146 ff.). In und zwischen Netzwerken können diese Löcher auf zwei Weisen überbrückt werden: über Vermittlung und Geschlossenheit.

Geschlossenheit (closure): In geschlossenen Beziehungskreisen entstehen Vertrauen und Reputation. Es gibt mehr Kommunikationskanäle und die Partizipierenden zeigen weniger unerwünschtes Verhalten als in Netzfigurationen mit geringer Dichte, weil sich die soziale Kontrolle mit der Quote der Verbindungen erhöht. Insofern stellt die Geschlossenheit in Beziehungsnetzen eine Grundvoraussetzung dar, damit Vermittlungsprozesse stattfinden können. Mit der Schließung von Netzwerken können die strukturellen Löcher quasi von der Innenseite aus abgebaut werden (vgl. Burt und Merluzzi 2013). Dabei werden die Beziehungskreise dichter, weil auch zu Personen Kontakte aufgebaut werden, mit denen die eigenen Kontaktpartner in Verbindung stehen. Die Abstimmung untereinander wird dadurch besser. Das Konzept der Geschlossenheit stammt von James S. Coleman (vgl. 1991, S. 413 ff.). Geschlossen ist ein soziales Netzwerk dann, wenn alle relevanten Beziehungsoptionen aktiviert sind. Die Auswirkungen von Geschlossenheit lässt sich an einem System von Eltern und Kindern verdeutlichen. So ist der Einfluss der Eltern geringer, wenn zwischen den Kindern einer Nachbarschaft Beziehungen bestehen, zwischen den Eltern aber nicht. Eine Geschlossenheit liegt vor, wenn Beziehungen nicht nur (1.) zwischen den Eltern und ihren Kindern sowie (2.) zwischen den Kindern bestehen, sondern (3.) auch zwischen den Eltern der Nachbarschaft. Ein anderes Beispiel betrifft das Beziehungsdreieck von Kindern, Lehrkräften der Schule und den Eltern. Wenn die Eltern nur die Beziehungen zu ihren Kindern pflegen und die Kinder zusätzlich in der Schule Beziehungen zu Lehrkräften aufbauen, liegt keine Geschlossenheit vor. Erst wenn auch die Eltern und Lehrkräfte miteinander verbunden sind, ist das Beziehungssystem geschlossen. Der Bildungsprozess von Kindern gestaltet sich in einer geschlossenen Figuration besser als in einer teilweise offenen. Gut miteinander verbundene Nachbarn sind zum Beispiel eine Ressource füreinander (vgl. Burt 2010).

Vermittlung (brokerage): Die Vermittlungsperspektive repräsentiert das Gegenteil von Geschlossenheit; denn hierbei werden Verbindungen von der Außenseite zwischen den Clustern generiert, indem Unverbundenes über strukturelle Löcher hinweg miteinander verbunden wird (vgl. Burt und Merluzzi 2013). Auf dem Weg solcher Verbindungen können neue Informationen in einen abgeschotteten Beziehungskreis Eingang finden und so Meinungen und Verhalten beeinflussen. Personen, die an der Schnittstelle zwischen Beziehungskreisen stehen, haben eine Brückenfunktion und werden deshalb als Vermittler („network broker") bezeichnet (vgl. Burt 2005). Sie erschließen Zugänge, indem die strukturellen Löcher im Beziehungsgefüge überbrückt werden. Durch diesen Anschluss stockt der Informationsfluss nicht mehr im dichten, nach innen bezogenen sozialen Cluster, sondern kann nach außen dringen und über die Vermittlung in ein anderes Cluster als Input eingebracht werden (vgl. Burt 2010). Damit Verbindungen zwischen solchen Clustern hergestellt werden können, bedarf es der Position einer Netzwerk-Vermittlung, die sowohl Anknüpfungspunkte in dem einen als auch in dem anderen Beziehungskreis hat. Indem Vermittler die strukturellen Löcher überbrücken, können sie einen großen Nutzen erzeugen: Das betrifft einerseits den Umfang und die Qualität der zugänglichen Information sowie andererseits die zeitliche Koordinierung des Informationsaustausches.

Auch im Hinblick auf das *Konzept des Sozialkapitals* gibt es Unterschiede zwischen der Gruppe und dem Netzwerk. Prinzipiell wird unter Sozialkapital eine Ressource verstanden, die den Akteuren im Beziehungsgeflecht – quasi als interpersonelle oder interorganisatorische Gutschrift – zur Verfügung steht. Im Unterschied zu physischem Kapital und zu Humankapital ist Sozialkapital nicht an den einzelnen Akteur gebunden, sondern resultiert aus den Beziehungen zwischen den Akteuren. Der Umfang des Sozialkapitals, auf das ein einzelner Mensch Bezug nehmen kann, hängt von der Ausdehnung der Beziehungen ab, die mobilisiert werden können. Für die Produktion und Erhaltung des sozialen Kapitals, aus dem sowohl individueller als auch kollektiver Nutzen gezogen wird, haben gemeinsam geteilte Dispositionen wie Normen und Vertrauen eine hervorragende Bedeutung. Während dieser Nutzen in einer sozialen Gruppe quantitativ relativ begrenzt bleibt, kann er in einem Netzwerk sehr umfangreich ausfallen. Die dichte bzw. geschlossene Beziehungsfigur der Gruppe fungiert als ein Mittel, um expressives Sozialkapital wie zum Beispiel Solidarität zu erhalten und in der Gruppe zu reproduzieren (vgl. Fuhse 2016, S. 185). Investitionen in das lockere Beziehungsgefüge eines Netzwerks eröffnen dagegen eher Chancen eines instrumentellen Nutzens (vgl. Hennig 2010, S. 176 ff.): (1) Die Netzwerkressourcen erleichtern den Informationsfluss; (2) über lockere Beziehungen können Personen (z. B. Leitungskräfte im Unternehmen) beeinflusst werden, bei der Förderung von Akteuren oder Projektideen eine entscheidende Rolle zu spielen; (3) diese Beziehungen können im Netzwerk nach außen den Wert einer Reputation bzw. sozialen Empfehlung für das Individuum erhalten; und (4) im Ergebnis zu einer stärkeren Anerkennung der Persönlichkeit führen, als das in der Gruppe möglich ist. Diese vier Elemente Information, Einfluss, soziale Empfehlung und Verstärkung machen das Sozialkapital auf der (teilweise institutionalisierten) Kollektivebene des Netzwerks besonders wertvoll. Insofern spiegelt der Zugang der Individuen zu den Ressourcen eines sozialen Netzwerkes ihr Sozialkapital wider. Bezogen auf die Wirkungsebene des Sozialkapitals unterscheiden sich die Investitionen in eher stärkere Gruppenbeziehungen deutlich von den Investitionen in eher schwächere Netzwerkbeziehungen (vgl. Fuhse 2016, S. 184).

3.3 Ideenarchitektur der phänomenologischen Perspektive

Eine der wesentlichen Quellen für die empirisch und theoretisch fundierte Verwendung des Netzwerkbegriffs ist in den Sozialwissenschaften die englische Sozialanthropologie. Dort wurde der Begriff zur Beschreibung der persönlichen Beziehungen natürlicher Personen im Unterschied zu sozialen Institutionen und ihren strukturellen Ordnungen benutzt (vgl. Pappi 1998, S. 584). Deshalb weist der

Begriff des sozialen Netzwerks auch nicht die theoretische Genese eines Begriffs auf, mit dem die Gesellschaft beschrieben wird, wie dies etwa die Konstrukte soziale Ungleichheit und strukturelle Differenzierung leisten. In den sozialanthropologischen Ansätzen wurde der Netzwerkbegriff vor allem genutzt, um die Phänomenologie scheinbar unstrukturierter Situationen im natürlichen Alltagsleben transparent zu machen.

Mit der sogenannten *relationalen Wende* in der Soziologie hat sich die sozialanthropologische Perspektive zur phänomenologischen Netzwerktheorie fortentwickelt. Die relationale Soziologie „geht weder von einzelnen Akteuren und deren Wünschen, Bedürfnissen und Entscheidungskalkülen aus, noch von normativ unterlegten Strukturen bzw. Erwartungen oder gegebenen gesellschaftlichen Rahmenbedingungen, sondern vielmehr von relationalen Mustern" wie zum Beispiel Beziehungsgefügen und ihrer Dynamik (Häußling 2010, S. 62). Die Wende wird vor allem Harrison White zugeschrieben, der diese Neuorientierung zu Beginn der 1960er Jahre mit der Formulierung des „anti-kategorialen Imperativs" eingeleitet hatte. Als Schlüsselwerk von Harrison White fungiert das Buch „Identity and Control: How Social Formations Emerge" (White 2008).

Neben der Gruppe um (1) White in Harvard, die sich mit Netzwerken als Kultur und Rollenstruktur beschäftigte, hatten sich in den 1970er Jahren in den USA zwei weitere Forschungslinien herausgebildet (vgl. Raab 2010, S. 32): (2) Der Forschungszusammenhang um Linton Freeman an der UC Irvine in Kalifornien fokussierte Indikatoren auf der Basis der Graphentheorie, um die Stellung der Knoten in einem Netzwerk zu unterscheiden. (3) An der Universität Chicago begründeten Edward Laumann und James Coleman eine analoge empirische Netzwerkanalyse, um die Zusammensetzung und die Strukturen sozialer Figurationen zu untersuchen. Während die graphentheoretischen Analyseansätze Netzwerke als reine Mengen von Beziehungen begreifen, wird im phänomenologischen Ansatz herausgearbeitet, inwieweit die Netzwerkeinbindung zur Identitätsbildung beiträgt. Die phänomenologische Realität von Netzwerken besteht darin, dass sie „als Sinnstrukturen in der Lebenswelt der Beteiligten existieren" (vgl. Schmitt und Fuhse 2015, S. 29).

Inzwischen hat sich die Netzwerkforschung etabliert; die prominentesten *Strömungen* sind die Forschungen zum Sozialkapital (vgl. Burt 1992, 2005), zu interorganisationalen Netzwerken (vgl. Powell et al. 1996), zur Rolle der Beziehungsstärke (vgl. Granovetter 1973) und der Einbettung (vgl. Granovetter 1985). Eine relevante Strömung stellt auch die Netzwerktheorie des Marktes dar (vgl. Raab 2010, S. 36). Indem Harrison White die Märkte als „self-reproducing social structures among specific cliques of firms and other actors who evolve roles from observations of each other's behavior" definierte (White 1981, S. 518), überwand er den Mythos, die Unternehmen würden nur auf die Nachfrage der Kunden reagieren und verdeutlichte, dass stattdessen die Relationen und Orientierungen unter den Konkurrenten bedeutsam sind.

Emirbayer und Goodwin (1994, S. 1425 ff.) differenzierten die Strömungen der Netzwerkforschung in *drei Entwicklungsstufen* (vgl. Häußling 2010, S. 68 ff.):

1) Die frühen netzwerkanalytischen Ansätze klassifizierten sie als „*strukturalistischen Determinismus*", weil das soziale Zusammenleben sowohl universell-ahistorisch als auch nicht akteursbezogen betrachtet wurde (Netzwerk als Metapher).
2) Die nächste Stufe des „*strukturalistischen Instrumentalismus*" schreibt den *sozialen Akteuren* eine gestaltende Rolle in den jeweiligen zeitbezogenen Figurationen zu, vereinfacht das Zusammenwirken aber unter einem rationalisierenden austauschtheoretischen Blickwinkel (graphentheoretische Mengen von Beziehungen zwischen Knoten).
3) In der dritten Entwicklungsstufe des „*strukturalistischen Konstruktionismus*" werden die sozialen Strukturen sowohl mit der intersubjektiv zurechenbaren Handlungswirksamkeit als auch mit kulturellen und historischen Merkmalen verbunden – d. h. im Fokus steht die Frage, wie *Aktivitäten einzelner Akteure dynamisch durch Netzwerkprozesse hervorgebracht* werden (phänomenologische Perspektive).

Harrison Whites Studien repräsentieren den Referenzrahmen der *phänomenologischen Netzwerktheorie*. Die strukturalistische Konstruktion setzt sich aus vier *Ebenen der Identitätsbildung* zusammen (vgl. White 2008, S. 312 ff.):

- Zuerst übernehmen die Akteure in jeder sozialen Situation eine Position, die ein spezifisches Set an Handlungs-, Kommunikations- und Deutungsmöglichkeiten zur Verfügung stellt.
- An diese konkrete Position sind Erwartungshaltungen geknüpft; White benutzt die Metapher des „face", weil die Akteure unter diesen Bedingungen bemüht sind, jeweils ihr Gesicht zu wahren.
- Weil die Akteure in mehreren Netzwerkbereichen solche Positionen wahrnehmen, sind sie verschiedenen positionsbedingten Erwartungshaltungen ausgesetzt, die ausbalanciert werden müssen.
- Die sukzessive Fortentwicklung und Fortschreibung dieses Kontextes wird in einer narrativen Story verknüpft, die die Netzwerkidentität sinnhaft konstruiert und wie eine Klammer zusammenhält (vgl. Häußling 2010, S. 71).

Diese *Überlagerung von Netzwerk und Sinn* zu einer narrativ getragenen Identität entspricht bei Harrison White der „Domäne" (domain) einer kulturellen Form (vgl. Fuhse 2016, S. 188): Beispielsweise gehören dazu die Symbole, sprachlichen Muster und normbasierten Verhaltenserwartungen, die die Netzwerkidentität eines Sportvereins vom Geflecht eines Netzwerkes unterscheiden, das in der Domäne der Museumskultur verankert ist.

Eine weitere wichtige Unterscheidung in Whites phänomenologischer Netzwerktheorie adressiert der idealtypische Begriff der *„Disziplin"* (discipline). Disziplinen sind Strukturen mit spezifischen Formen der Kopplung unter den Akteuren; grundsätzlich lassen sich folgende *relationale Muster* unterscheiden (vgl. Häußling 2010, S. 72):

- Die „Arena" – sie beruht auf affektiven Bindungen der Sympathie und macht inkludierte von exkludierten Akteuren unterscheidbar.
- Dem gegenüber repräsentiert der „Council" eine hierarchische Anordnung mit Über- und Unterordnung – der Prestigewert der Einbindung ins Netzwerk lässt sich an der Stellung in der Hackordnung ablesen.
- Das Muster des „Interface" betont instrumentelle Relationen der Zusammenarbeit – z. B. nach Qualitätsgesichtspunkten am Arbeitsplatz.

Darüber hinaus werden in der phänomenologischen Netzwerktheorie allgemeine Typen von *Kontrollstrategien* bei der Kopplung differenziert (vgl. Häußling 2010, S. 73):

- Mit einem „sozialen Winkelzug" wird die Strategie verfolgt, über bestehende Relationen andere Identitäten direkt oder indirekt zu beeinflussen.
- Wenn eine soziale Situation flexibel interpretiert werden kann, entsteht eine „kulturelle Ambiguität" (cultural ambiguity), unter der die Relationen undefiniert bleiben oder ambivalent und offen bewertet werden, so dass eigene Winkelzüge verfolgt werden können.
- Der „Entkopplung" (de-coupling) liegt die Strategie zu Grunde, Verbindungen einerseits zeitweise oder dauerhaft und andererseits vollständig oder partiell abzutrennen, um unerwünschte Verstrickungen zwischen Netzwerkbereichen vorzubeugen.

In der phänomenologischen Netzwerktheorie hat der *Kontrollbegriff* einen zentralen Stellenwert. Denn nach Harrison White (2008) wird in Netzwerken „control" ausgeübt, um eine sowohl *beherrschbare* als auch *vorhersehbare Ordnung* des Verhaltens und der Handlungen zu gestalten. Die im Netzwerk entwickelte Ordnung befähigt die Akteure, den Fluss der Anforderungen kontrollierend zu strukturieren und zu bewältigen. „Die Welt ist so komplex, die Beziehungen sind dermaßen unüberschaubar geworden, dass eine Vereinfachung durch Strukturierung notwendig ist" (Stegbauer 2010, S. 139).

Die *Verringerung kultureller Ambiguität* leisten soziale Institutionen, indem sie Stories einer größeren Menge von Disziplinen zu einem *integrierten Satz von Stories* miteinander verknüpfen. „Es handelt sich um Festlegungen von Bedeutungen, die vor allem den Wertaspekt von Disziplinen generalisieren und damit Grenzziehungen vornehmen, welche Prozesse zulässig sind und welche nicht" (Häußling 2010, S. 75).

Ein besonderes Merkmal des Theorieentwurfs von Harrison C. White besteht darin, dass kulturelle und historische Aspekte des Netzwerks miteinander verwoben sind (vgl. Häußling 2010, S. 68). Der Begriff der „Story" beinhaltet die Bedeutungskomponente des sozialen Netzwerks, mit dem das Konzept der Kultur eingeführt wird. Denn die Stories verbinden sich zu kulturanalogen Mustern der „Network Domains" – mit diesem Begriff „wird ein spezialisiertes Interaktionsfeld (Nachbarschaft, Kollegium) gefasst, das durch bestimmte Cluster von Beziehungen und mit diesen verbundenen Bündeln von ‚Stories' konstituiert wird" (Hepp 2010, S. 229). Über die ins Netzwerk eingebetteten Beziehungen und über die vereinbarten Stories darüber bildet sich in den lebensweltlichen die Alltagskultur und in den organisierten Netzwerken eine thematisch und (inter-)disziplinär verankerte Kultur heraus.

3.4 Definitorische Grundlagen der Phänomenologischen Netzwerktheorie

Der Kern der Phänomenologischen Netzwerktheorie von Harrison White besteht darin, dass die Orientierung von Menschen grundlegend von den Positionen in den – teilweise sehr heterogenen – sozialen Netzwerken generiert wird. In der kontinuierlichen Verknüpfung sozialer Transaktionen entstehen verschiedene Kulturen aus diesen heterogenen Kontexten heraus (vgl. Abb. 3-2). Und zugleich werden dabei die Identitäten der Personen in ihren Funktionen als Schnittpunkte des Beziehungsgefüges herausgebildet.

Der Zusammenhang wird in Abb. 3-2 dargestellt – sie basiert auf folgenden Fachbegriffen als Kernelementen von Netzwerken (vgl. Stegbauer 2016, S. 7 f.):

- *Tie/Verbindung* – „Tie" repräsentiert eine formale Verbindung – wie zum Beispiel Über- oder Unterordnungen in Organisationen oder die zeitgleiche Anwesenheit bei einem Ereignis – aber auch informelle Verbindungen im All-

Definitorische Grundlagen der Phänomenologischen Netzwerktheorie   45

Abbildung 3-2   Kernelemente der Phänomenologischen Netzwerktheorie

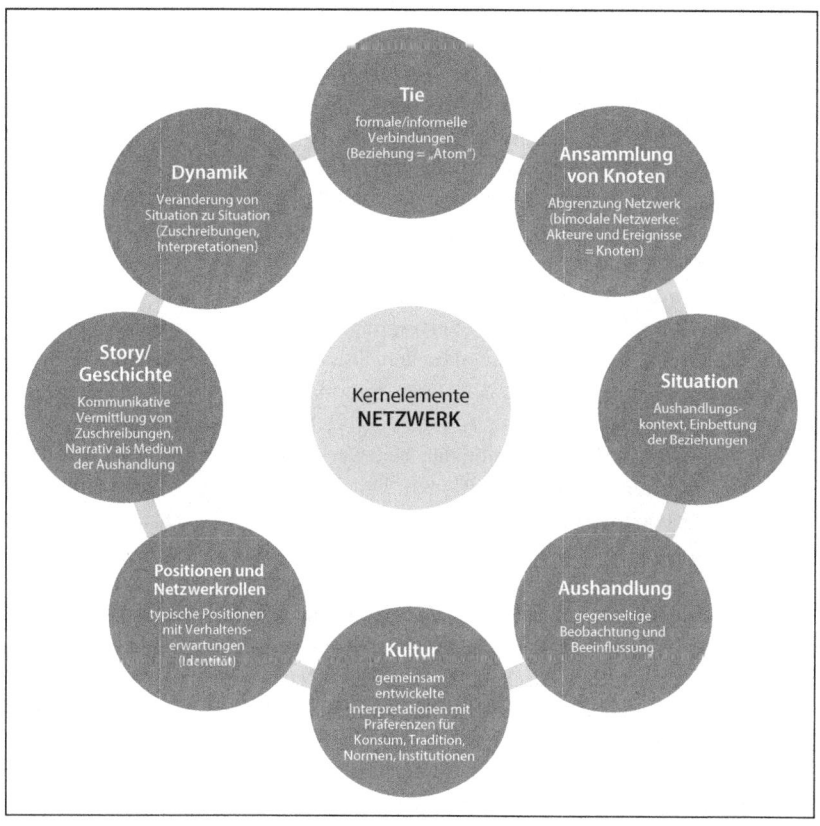

Eigene Darstellung

tagsleben. Sie lassen sich als Beziehungsart spezifizieren. Die Verbindungen zwischen Knoten stehen im Blickpunkt, weniger die Knoten selbst. Deshalb wird die Beziehung (einer Dyade) auch als „Atom" des Netzwerks bezeichnet.
- *Ansammlung von Knoten* („Set of Nodes") – Analytisch steht im Vordergrund, wie ein Netzwerk abgegrenzt werden kann, um es untersuchbar oder gestaltbar zu machen. Die phänomenologische Netzwerkforschung stellt daher immer auch die Frage, welche Ansammlung von Knoten ein betrachtetes Netzwerk kennzeichnet.
- *Situationen* – Das Credo der phänomenologischen Netzwerkforschung betont zwar die Beziehungen als die „Atome" des Netzwerks, aber die Beziehungen

erreichen dabei keinen finalen Zustand. Sie bilden sich im Gegenteil kontinuierlich weiter; und diese fortwährend erneuernde Aushandlung geschieht in den sozialen Situationen, in die die Beziehungen eingebettet sind. Ein Beispiel solcher Situationen sind Geburtstage, in denen die Mitglieder eines verwandtschaftlichen Familiennetzwerks ihre Beziehungen regelmäßig weiter gestalten. Ein anderes Beispiel sind thematische Arbeitskreise, in denen Akteure aus unterschiedlichen Fachbereichen der Kommunalverwaltung sowohl die inhaltliche Auseinandersetzung als auch die bilateralen Beziehungen von Begegnung zu Begegnung voranbringen. Das erste situative Setting wird von Kaffee, Kuchen und zwanglosem Beisammensein geprägt, das zweite von einer Rangordnung, organisierten Kommunikationsform – und vielleicht gibt es auch Getränke. „Es finden Übertragungen von Verhaltensweisen und Formen von den Vorläufern zur aktuellen Situation statt. Situationen und die Abfolge von Situationen konstituieren bimodale Netzwerke" (vgl. Stegbauer 2016, S. 8).

- *Bimodale Netzwerke* – In bimodalen Netzwerken gibt es zwei Arten von Knoten: Akteure und Ereignissituationen, bei denen sich die Akteure begegnen und ihre Beziehungen fortschreitend aushandeln (vgl. Fuhse 2016, S. 31).
- *Aushandlung* – In den Situationen der Ereignisse des Aufeinandertreffens beobachten sich die Akteure und beeinflussen sich gegenseitig. In der Abfolge des in den Situationen gezeigten Verhaltens entsteht eine Verlässlichkeit zwischen den Akteuren. Die verbreiteten Kulturelemente (z. B. Geburtstagskaffee vs. organisiertes Kommunikationsmuster) werden durch Aushandlungen kontinuierlich weiter geformt und gestaltet: „Man kann sagen, es entwickeln sich durch gegenseitige Anpassung und gleichzeitig ablaufende Disktinktionsprozesse Mikrokulturen heraus, die man als Wirkung von Beziehungsstrukturen auffassen kann" (Stegbauer 2017, S. 20).
- *Kultur* – „Ausgehandelt werden nicht nur die Beziehungsstruktur und die Verhaltenserwartungen der Beteiligten. Zu dem Abgleich gehören auch gemeinsame Interpretationen, die Anerkennung von Symbolik […]" (Stegbauer 2016, S. 9). Ein Netzwerk stellt folglich nicht nur ein Beziehungssystem dar, sondern bildet auch eine gemeinsame Kultur aus. Dies drückt sich in Präferenzen für den Konsum (siehe oben: Geburtstagskaffee vs. Tagungsgetränke) und für Traditionen, Normen sowie Institutionen aus, wie die Begegnungen gestaltet werden.
- *Positionen* – Die Akteure im Sinn von Knoten sind in einem Netzwerk auf unterschiedliche Weise eingebunden. Sie nehmen unterschiedliche typische Positionen – z. B. am Rand mit wenigen oder im Zentrum mit vielen reziproken kommunikativen Bezügen – ein, die mit spezifischen Verhaltenserwartungen verbunden sind. Mit den Positionen bilden sich Netzwerkrollen heraus, die

vermitteln, was die Akteure zu tun und wie sie sich zu verhalten haben. Ein signifikantes Beispiel in organisierten Netzwerken ist die Koordinationsrolle.

- *Geschichte* („Story") – Die Beziehungen und die Struktur des Netzwerks wird nicht nur durch das Verhalten und das direkte Erleben in den Situationen und Ereignissen übertragen, sondern auch durch eine übergreifende Kommunikation vermittelt. Die kommunikative Vermittlung – zum Beispiel durch Dritte – lädt die Beziehungen interpretativ mit zuschreibenden Bedeutungen auf. Damit gehört sowohl das Netzwerk selbst als auch seine Struktur zu der innerhalb und außerhalb des Netzwerks transportierten Kultur. Die kursierende Geschichte darüber, die von Situation zu Situation abgewandelt werden kann, wird zum Medium des Aushandlungsprozesses.
- *Dynamik* – In der Abfolge der Situationen und des Aushandlungsprozesses verändern sich nicht nur Zuschreibungen und Interpretationen, sondern die gesamte Netzwerkstruktur. „Wenn etwas von Situation zu Situation übertragen werden kann, dann bedeutet dies, dass der Fluss als Entwicklungsgeschichte in die Analyse aufgenommen werden muss. Dynamik gehört also zu den Basiskomponenten von Netzwerkbetrachtungen" (Stegbauer 2017, S. 9).

Durch die wechselseitige Beeinflussung binden sich die beteiligten Akteure in der netzwerkartigen Struktur. Weyer bezeichnet das Netzwerk als ein „emergentes Phänomen" (1993, S. 2), das eigenen Regeln folgt, die keiner der beteiligten Akteure exklusiv kontrollieren kann. Die Aufrechterhaltung des Netzwerks wird quasi zum Sachzwang und singuläre Interessen treten zurück – das Netzwerk entwickelt in der Folge eine strukturelle Eigendynamik.

In der Soziologie hat die Beschäftigung mit der Genese sozialer Strukturen aus der Interaktion von Individuen heraus und mit der Prägung individuellen Handelns durch die Einbettung eine lange Tradition. In dieser interdependenten Doppelperspektive gibt die Netzwerktheorie auf das Emergenzproblem die Antwort, dass sich die handelnden Akteure zu einem Konsens verbinden und in der Folge relativ stabile Netzstrukturen mit manifesten normativen Verhaltenserwartungen etablieren. Daneben ist das Integrationsproblem zu beachten, wie sich allgemeine Erwartungen von konkreten Einzelinteressen normativ abheben und im Netzwerk den Charakter von Sachzwängen annehmen können. Nach Weyer setzt ein angemessenes Verständnis der Genese und der eigendynamischen Verfestigung sozialer Strukturen voraus, die Akteure mit ihren Interessen und die systemischen Randbedingungen ihres Handelns im Zusammenhang zu betrachten. Soziale Strukturen entstehen danach als „Produkt zweckgerichteten Handelns und darauf aufbauender [...] Abstimmungsprozesse zwischen unterschiedlichen Akteuren, [...] wenn Individuen durch Kooperation die Erfolgswahrscheinlichkeit ihres Handelns zu erhöhen suchen" (ebd., S. 6). Dies setzt die Kompetenz voraus, dass die unterschiedlichen Akteure ihre Handlungen wechselseitig aneinander anzuschließen und aufeinander abzustimmen vermögen. Die Vernetzung reduziert Unsicherheiten bezüglich des Verhaltens der Umwelt, indem sie mit einbezogen wird:

> „Soziale Netzwerke entstehen [...] durch einen Prozess der wechselseitigen Produktion von Verhaltenserwartungen; ihre Stabilität gründet sich [...] auf die Fähigkeit der beteiligten Partner nicht nur Erwartungen an andere zu adressieren, sondern auch mit den Zumutungen fertig zu werden, die andere ihnen selbst auferlegen. Durch die Selbstbindung an derart strukturierte Interaktionsbeziehungen werden die Handlungsspielräume der Beteiligten [...] nicht nur erweitert, sondern zugleich auch eingeschränkt. Denn in sozialen Netzwerken entstehen Verhaltensregeln, die keiner der Mitspieler exklusiv kontrollieren kann, von deren Befolgung jedoch die Möglichkeit der Teilnahme am Netzwerk abhängt." (Weyer 1993, S. 17)

3.5 Transfer am sozialwirtschaftlichen Beispiel

Das Bundeskinderschutzgesetz repräsentiert in Deutschland die erste Gesetzesinitiative, die der Governancelogik folgt. In dem Gesetz wurden die Eckpunkte für den Aufbau verbindlicher Netzwerkstrukturen formuliert (§ 3 BKiSchG). In ein Netzwerk Frühe Hilfen sollen insbesondere Einrichtungen und Dienste der öffentlichen und freien Jugendhilfe, Einrichtungen und Dienste, mit denen Verträge nach § 75 Absatz 3 des Zwölften Buches Sozialgesetzbuch bestehen, Gesundheitsämter, Sozialämter, gemeinsame Servicestellen, Schulen, Polizei- und Ordnungsbehörden, Agenturen für Arbeit, Krankenhäuser, Sozialpädiatrische Zentren, Frühförderstellen, Beratungsstellen für soziale Problemlagen, Beratungsstellen nach den §§ 3 und 8 des Schwangerschaftskonfliktgesetzes, Einrichtungen und Dienste zur Müttergenesung sowie zum Schutz gegen Gewalt in engen sozialen Beziehungen, Familienbildungsstätten, Familiengerichte und Angehörige der Heilberufe einbezogen werden. Im Gesetz wurde festgelegt, dass durch den örtlichen Träger der Jugendhilfe eine verbindliche Zusammenarbeit im Netzwerk zu organisieren ist (Netzwerkkoordination). Dabei soll auf vorhandene Strukturen vor Ort zurückgegriffen werden, und es soll erreicht werden, dass die Grundsätze für eine verbindliche Zusammenarbeit unter den Beteiligten in Vereinbarungen ausgehandelt werden.

Den Ausgangspunkt bildete auch in diesem Beispiel die Kritik an der Versäulung und Zergliederung der kommunalen Daseinsvorsorge für Familien: Denn die Angebote und Dienstleistungen sind durch die Abgrenzung funktionaler Zuständigkeiten und durch Barrieren des Ressortdenkens unübersichtlich „versäult".

Die „Säulen" der Jugendhilfe, des Gesundheitswesens und des Bildungsbereichs, um nur drei wichtige Handlungsfelder zu nennen, schotten sich rechtlich (Gesetzbücher), organisatorisch und fachlich untereinander ab. Während die Familie die Aktivitäten der Jugendhilfe, im Gesundheitsbereich und der frühen Bildung an ihrem Kind als einen Zusammenhang erfahren, gibt es unter den Fachkräften über die Ressortgrenzen hinweg keinen Austausch, sondern eher eine Betonung fachlicher Eigenheiten und Unterschiede. Zwischen den vorhandenen Einrichtungen und Diensten der Jugendhilfe, des Gesundheitswesens und des Bildungsbereichs existiert im Hinblick auf den Adressatennutzen der Kinder und Eltern ein strukturelles Loch. Gemeinsame Schnittstellen werden daher kaum wahrgenommen und Übergänge zwischen den „Säulen" werden nicht aus der Perspektive des Kindes oder der Eltern, sondern aus einem institutionellen Blickwinkel gestaltet. Wegen der fehlenden Transparenz und wegen der zergliederten fachlichen Interventionen handeln die Professionellen der verschiedenen Ressorts – quasi auf „operativen Inseln" – relativ isoliert.

Aus der Perspektive der phänomenologischen Netzwerktheorie definiert das BKiSchG, welche Akteure zur Ansammlung von Knoten zu zählen sind. In der praktischen Umsetzung muss die lokale Netzwerkkoordination die Abgrenzung des Netzwerks aus der Vielzahl der konkreten Dienste und Einrichtungen in der Gebietskörperschaft und in deren Sozialräumen vornehmen. Die Akteure repräsentieren unterschiedliche Disziplinen im Sinn von Harrison White: Auf der einen Seite repräsentieren sie die Arena der lokalen Träger und Anbieter von Dienstleistungen, auf der anderen Seite den Council der Administration sowie Kommunalpolitik und auf der dritten Seite die Interfaces zwischen den verschiedenen Fachkräften der operativen Praxis in den kommunalen Sozialräumen.

Die Strategie der Netzwerkkoordination besteht darin, Situationen zu erzeugen, in denen die lokale Umsetzung ressortübergreifend verknüpfter Früher Hilfen ausgehandelt werden kann. Anlässlich dieser organisierten Ereignisse treffen sie koordiniert aufeinander, so dass die Beziehungen und die Netzstruktur aus diesen Situationen heraus entstehen können. Weil damit neben den lokalen Akteuren auch die Ereignisse des Zusammentreffens Knotenpunkte darstellen, handelt es sich um ein Two-Mode-Netzwerk bzw. um ein bimodales Netzwerk. In den – von der administrativen Seite veranstalteten – Situationen findet die Aushandlung statt, was unter Frühen Hilfen vor Ort zu verstehen ist, welcher Bedarf besteht und wie das Hilfeangebot untereinander besser koordiniert werden kann. In der Interaktion erlangen die Akteure unterschiedliche Positionen der Zentralität und Beeinflussungsmöglichkeit. – Das Spektrum der Positionen reicht von der Koordinationskraft über administrative Führungskräfte als kommunal Verantwortliche und Leitungskräfte von Trägern bis zu den Fachkräften, die die Ergebnisse des Netzwerks operativ umsetzen. Im kontinuierlichen Anschluss von Situation zu Situation resultiert im Aushandlungsprozess eine ortsspezifische Kultur der Kooperation und Dienstleistungsverknüpfung, die in dem einen Netzwerk die Gestalt einer ausdifferenzierten Präventionskette für Kleinkinder annehmen und in einem anderen Netzwerk weniger gut gelingen kann.

Die Akteure befinden sich dabei fortwährend in einer kulturellen Ambiguität zwischen ihren monofunktionalen Herkunftsnetzwerken – der Jugendhilfe, des Gesundheitswesens oder des Bildungsbereichs – und dem integrierten Netzwerk Frühe Hilfen. Teilweise kommt es auch zur Entkopplung, wenn sich beispielsweise Akteure des Gesundheitswesens wie Ärzte nach der Einstiegsphase im Netzwerk nicht weiter engagieren.

Für die Herausbildung einer Identität des Netzwerks ist seine narrative Geschichte verantwortlich. Von Ereignis zu Ereignis bzw. von Situation zu Situation wird die Story fortgeschrieben, in Form von Flyern und Internetauftritten nimmt sie Gestalt an. So führt die Dynamik der Vernetzung schließlich dazu, dass aus anfänglich undefinierten Verbindungen eine relativ abgestimmte Kooperation mit gemeinsamen Produkten der Frühen Hilfen resultieren kann. Wenn die Eltern als Adressatinnen und Adressaten von der Story des Netzwerks überzeugt sind, werden auch die Dienstleistungen der Frühen Hilfen eine hohe Akzeptanz finden. Besonders beachtenswert ist in dieser Hinsicht zum Beispiel das Dormagener Modell der Präventionskette; denn die Beteiligten haben durch die Verbreitung ihrer Erfolgsgeschichte bundesweite Aufmerksamkeit gefunden (vgl. Suchbegriff „Präventionskette Dormagen" im Internet).

3.6 Ableitung einer Checkliste für die Sozialwirtschaft

Das präsentierte Beispiel veranschaulicht, dass die Kernelemente der phänomenologischen Netzwerktheorie auf Netzwerke in der Sozialwirtschaft übertragen werden können:

Schaffung von interinstitutionellen Verbindungen. Durch die Netzwerkorientierung werden neue Verbindungen generiert, die über die hierarchischen bilateralen Verbindungen in die Öffentliche Verwaltung hinein und die Kontraktlogik des Public Management hinausweisen. Statt Über- oder Unterordnungen werden horizontale Verbindungen in die Verwaltungsumwelt aufgebaut. Mitarbeitende der öffentlichen Verwaltung erhalten mit Blick auf einen spezifischen Gegenstand – wie zum Beispiel „Frühe Hilfen" nach dem Bundeskinderschutzgesetz – dafür von den Führungskräften einen Auftrag und (Zeit-)Ressourcen. Es ist ihre Aufgabe, gezielt Verbindungen zu Akteuren aus der kommunalen Umwelt herzustellen und ein Netzwerk zwischen kommunalen und zivilgesellschaftlichen Akteuren zu entwickeln. Auch aus der Perspektive der einbezogenen zivilgesellschaftlichen Organisationen ist es eine Aufgabe der Führungskräfte, den Anschluss an externe Organisationen als Auftrag zu formulieren und die dafür notwendigen (Zeit-) Ressourcen bereitzustellen.

Versammlung der Akteure. Im Vordergrund steht die Frage, wie das zu schaffende Netzwerk abgegrenzt werden kann, um es einerseits gestaltbar zu machen und andererseits ein unproduktives Netzwerkrauschen (das Netzwerk ist aktiv, zeigt aber keine Wirkung) zu vermeiden. Im Vorfeld ist deshalb im Rahmen einer Stakeholderanalyse zu klären, welche Akteure für den besonderen Gegenstand des zu generierenden Netzwerk einbezogen und zu einem Netzwerksystem versammelt werden sollen.

Situationen der Aushandlung. Für die notwendigen Aushandlungen zwischen den Akteuren aus den verschiedenen administrativen und zivilgesellschaftlichen Feldern sind soziale Situationen zu schaffen, in die das neue Beziehungsgefüge eingebettet wird. Damit sich die Akteure auf Augenhöhe begegnen und ihre Beziehungen gegenstandsbezogen konstruktiv aushandeln können, bedarf es situativer Ereignisse, die sich deutlich von der hierarchischen Arbeitskreiskultur abgrenzen.

Moderation/Koordination der Aushandlung. In den Situationen der Ereignisse beobachten sich die Akteure und beeinflussen sich gegenseitig. Damit dies konstruktiv möglich wird, sind Moderations- und Koordinationsleistungen erforderlich. Erst in der Abfolge der moderierten Situationen entsteht eine Verlässlichkeit des Verhaltens zwischen den Akteuren. Eine offene Form der Kommunikation – wie zum Beispiel World Café und ähnliche Formen des Austausches – sollte für das Gelingen der Aushandlungen kontinuierlich institutionalisiert werden: Ausgelöst wird eine gegenseitige Anpassung und Differenzierung, die sich zu der Mikrokultur des Netzwerkes entwickelt.

Kultur gemeinsamer Verantwortung. Ausgehandelt werden in der Vernetzung nicht nur die Beziehungsstruktur und die Verhaltenserwartungen der Beteiligten. Zu den Ergebnissen gehören auch gemeinsame Interpretationen und Symbole. Insofern stellt das Netzwerk nicht nur ein Beziehungssystem dar, sondern bildet auch eine gemeinsame Kultur heraus. Dies findet seinen Ausdruck in Präferenzen für Formen des Umgangs, gemeinsame Normen sowie institutionelle Rituale.

Positionen und Netzwerkrollen. Die Akteure nehmen im Netzwerk unterschiedliche Positionen ein, die mit spezifischen Verhaltenserwartungen verbunden sind. Die damit verbundenen typischen Netzwerkrollen enthalten unterschiedliche

Machtpotenziale, so dass einige Positionen mehr als andere vermitteln können, was von den Akteuren im Netzwerk erwartet wird. Diese Positionen und Rollen sind transparent zu machen, damit sie offen Gegenstand der Aushandlungsprozesse werden können.

Neue Story/Geschichte über die Kultur. Die Beziehungen und die Struktur des Netzwerks werden nicht nur durch das Verhalten und direkte Erleben in den Situationen und Ereignissen übertragen, sondern auch durch die Kommunikation nach außen vermittelt. Der kommunikative Austausch – zum Beispiel mit Dritten – vermittelt ein Bild von den Beziehungen des Netzwerks. Signifikante Geschichten über das Netzwerk transportieren die Kultur des Netzwerks nach innen sowie nach außen. Die kursierende Geschichte darüber, die von Situation zu Situation verändert und fortgeschrieben wird, profiliert weitergehend die Identität des Netzwerks.

Formulierung von Entwicklungszielen. In der Abfolge der Situationen und des Aushandlungsprozesses verändern sich nicht nur Zuschreibungen und Interpretationen, sondern die gesamte Netzwerkstruktur. Da die Dynamik zu den Basiskomponenten der Geschichte eines Netzwerks gehört, ist es notwendig, den Fluss der Entwicklungsgeschichte strategisch zu reflektieren und in Gestalt einer Fortschreibung der Entwicklungsziele zu antizipieren.

Durch diese Kernelemente verschiebt sich der Kontrollmodus von rein hierarchischer Steuerung zu einem Mix von heterarchischen Verbindungen, die anschlussfähig sind an die hierarchischen Verwaltungsstrukturen. Es ist ein Kennzeichen der netzwerkartigen Struktur der Public Governance, dass heterarchische Beziehungsmuster mit hierarchischen kombiniert werden.

Checkliste mit Orientierungsfragen
1) Formulierung von Entwicklungszielen: Wurden Ziele definiert? Welche Ziele bringen die einzelnen Akteure mit? Wie lassen sie sich kombinieren?
2) Schaffung von interinstitutionellen Verbindungen: Erteilen die Führungskräfte den Auftrag und stellen sie (Zeit-)Ressourcen zur Verfügung, damit Verbindungen zu Akteuren aus der Umwelt hergestellt und ein Netzwerk zwischen kommunalen sowie zivilgesellschaftlichen Akteuren entwickelt werden kann? Welches Menschenbild liegt zugrunde?
3) Versammlung von Knoten bzw. Akteuren: Wurde im Rahmen einer Stakeholderanalyse das zu schaffende Netzwerk abgegrenzt und geklärt, welche Knoten bzw. Akteure für den besonderen Gegenstand des zu generierenden Netzwerk einbezogen und zu einem Netzwerksystem versammelt werden sol-

len? Oder ist die Initiative subsidiär von außen gekommen? Handelt es sich um eine Initiative der Kommunalverwaltung oder um eine zivilgesellschaftliche Initiative? Hat sich das Netzwerk selbst konstituiert und kann es weitgehend autonom handeln?

4) Situationen der Aushandlung: Gibt es ein Konzept, wie die Treffen gestaltet werden sollen? Welche Rahmenbedingungen werden geboten, damit die notwendigen Aushandlungen zwischen den Akteuren aus den verschiedenen administrativen und zivilgesellschaftlichen Feldern erfolgen können? Wie korrespondiert das mit der Aufbauorganisation?

5) Moderation/Koordination der Aushandlung: Gibt es eine Strategie, mit welchen Moderations- und Koordinationsleistungen die Aushandlungen institutionalisiert werden sollen? Wie können Interessen eingebracht werden?

6) Kultur gemeinsamer Verantwortung: Was wird getan, um im Netzwerk eine gemeinsame Kultur – z. B. bezüglich Formen des Umgangs, gemeinsamer Normen, gemeinsame Symbole sowie institutioneller Rituale – zu entwickeln?

7) Positionen und Netzwerkrollen: Wird reflektiert, welche unterschiedlichen Positionen Akteure im Netzwerk einnehmen, die unterschiedliche Macht- und Einflusspotenziale enthalten? Gibt es formell definierte, informelle Rollen und explizite Koordinationsrollen? Wie werden Entscheidungen getroffen? Wie werden heterarchisch entwickelte Aspekte hierarchisch angebunden (z. B. Vorschläge des Netzwerks, Einbringen über Verwaltung, Ratsentscheidung)?

8) Neue Story/Geschichte über die Kultur: Wird eine signifikante Geschichte über das Netzwerk sowohl nach innen als auch nach außen kommuniziert, um die Identität zu profilieren? Wie ist die historische Geschichte und wie wird sie erzählt? Auf welche Ergebnisse und Kulturelemente ist man besonders stolz? Was unterscheidet das Netzwerk von anderen Netzwerken? Was macht die besondere Identität aus?

9) Formulierung von Entwicklungszielen: Wird die Entwicklungsgeschichte des Netzwerks strategisch reflektiert? Werden die Entwicklungsziele angepasst und fortgeschrieben? Wie schaffen es die Mitglieder, in einem selbstreflexiven Prozess zu lernen und neue Handlungsstrategien zu entwickeln (Das lernende Netzwerk)?

3.7 Akteur-Netzwerk-Theorie

Die Akteur-Netzwerk-Theorie (ANT) von Bruno Latour will die Einschränkung der Netzwerkperspektive auf Menschenbeziehungen überwinden und den Blick stattdessen auf das Zusammenspiel von Menschen, Institutionen und anderen beteiligten nichthumanen Elementen ausdehnen (vgl. Latour 2007). Die Knoten eines Netzwerkes bilden nicht nur soziale Akteure, sondern ebenso materielle Dinge wie technische Artefakte oder sogar immaterielle Phänomene wie Programme und Diskurse. Keines der Elemente habe dabei die alleinige Kontrolle über das Geschehen – erst in der Interaktion zwischen humanen und nicht-humanen Entitäten werde die Handlung übersetzt und transformiert (vgl. Laux 2014, S. 49). Die konzeptionelle Gleichbehandlung sozialer und nichtsozialer Akteure bzw. menschlicher und nichtmenschlicher Wesen wird als „erweitertes Symmetrieprinzip" bezeichnet (vgl. Peuker 2010, S. 327). Der Ansatz basiert auf der konstruktivistischen Wissenschafts- und Technikforschung und stellt die traditionelle Separierung von menschlichen Akteuren auf der einen Seite und technischen Artefakten sowie nichtmenschlichen Lebewesen auf der anderen Seite grundlegend in Frage (vgl. Albrecht 2010, S. 131).

Nach dieser Logik generieren nicht nur Menschen, sondern auch nichtmenschliche Elemente wie Technik und Wissen das Handlungsprogramm eines heterogenen Netzwerks. Latour ersetzt den Begriff des Akteurs durch den des „Aktanten": Damit wird der Blick vom einzelnen – quasi isoliert betrachteten – Akteur losgelöst und stattdessen auf die zwischen ihnen ablaufenden Prozesse als die Aktivität des Netzwerks gerichtet (vgl. Fuhse 2016, S. 193). Der Terminus des Aktanten wird daher als Alternative zum Akteursbegriff benutzt. Er ist dadurch definiert, dass er fähig ist, zu wirken und zur Aktivität beizutragen, was auch für nichtmenschliche Entitäten gelten kann (vgl. Peuker 2010, S. 325). Dieses Netzwerkverständnis nimmt Bezug auf die Vielfalt der „Dispositive", die Foucault folgendermaßen definiert hat: „Was ich unter diesem Titel (Dispositiv, H. S.) festzumachen versuche, ist erstens ein entschieden heterogenes Ensemble, das Diskurse, Institutionen, architekturale Einrichtungen, reglementierende Entscheidungen, Gesetze, administrative Maßnahmen, wissenschaftliche Aussagen, philosophische, moralische und philanthropische Lehrsätze, kurz: Gesagtes ebenso wie Ungesagtes umfasst. Soweit die Elemente des Dispositivs. Das Dispositiv selbst ist das Netz, das zwischen diesen Elementen geknüpft werden kann" (Foucault 1978, S. 119 f.).

Im Blickpunkt steht somit ein „Hybrid-Aktant" als kollektive Kombination von Personen und Artefakten. Laux bezeichnet diese Vorgehensweise als Methodologischen Relationismus, weil alle Ereignisse, räumlichen Gelegenheiten und sozialen Strukturen auf der Kopplung von menschlichen und nichtmenschlichen Verbindungen basieren (vgl. Laux 2014, S. 153). Durch die Gleichstellung menschlicher und nichtmenschlicher Wesen sowie Artefakte kann ihr netzwerkförmiges Zusammenwirken integriert betrachtet und reflektiert werden. Um ein Akteur-Netzwerk beispielhaft zu veranschaulichen: Beim Grenzübertritt umfasst die Assoziation erstens Menschen wie Reisende und Zollbeamte, zweitens Tiere wie Spürhunde des Zolls und drittens Artefakte wie einen Reisezug, Mobiltelefone und andere technische Apparaturen sowie Gesetze und Regelungen zur Grenzkontrolle.

Der konstruktivistische Grundgedanke besteht darin, das Gesellschaftsverständnis nicht allein auf soziale Beziehungen zu beschränken, sondern die Stützung und Festigung sozialer Beziehungen durch materielle, nichtsoziale Dinge anzuerkennen (vgl. Peuker 2010, S. 325 f.). Als Alternative zum Gesellschaftsbegriff wird der Terminus des „Kollektivs" gewählt, das aus der Gesamtheit an Verbindungen und Abhängigkeiten zwischen sozialen und nichtsozialen Akteuren besteht. Ein weiterer Anspruch besteht darin, die Mikro-Makro-Trennung zu überwinden. Makrophänomene (stabile und abgrenzbare Akteur-Netzwerke) entstehen danach in kontextualisierten Mikroprozessen, die durch die Vorstrukturierung der in einer Situation vorliegenden Elemente begrenzt und ermöglicht werden. Ein weiteres Kennzeichen ist der Antiessentialismus: Entitäten besitzen nicht aus ihrem Wesen heraus spezifische Eigenschaften, sondern sie bilden die Eigenschaften erst im Zusammenspiel unterschiedlicher Elemente aus.

Das heterogene Netzwerk wird durch die Interaktionen und Interrelationen zwischen den Aktanten generiert – dieser ablaufende relationale Prozess wird als „Translation" (Übersetzung) bezeichnet (vgl. Fuhse 2016, S. 193). In der Assoziation der verschiedenen beteiligten Elemente werden ihre Interessen quasi übersetzt und im Netzwerkgeschehen vermittelt:

> *„Eine wissenschaftliche Aussage ist nicht deswegen wahr, da sie mit einer objektiven Wirklichkeit korrespondiert, sondern weil sie durch ein heterogenes Netzwerk wahrgemacht wurde. Sie ist nur wahr in Bezug zu dem heterogenen Netzwerk, in dem sie zirkuliert, ebenso wie Technik nur in Bezug auf das Netzwerk funktioniert, das seine Funktionstüchtigkeit vorbereitet. Die Netzwerke bestehen damit in einer Kette von Übersetzungsleistungen"* (Peuker 2010, S. 330).

Das Konzept des Akteur-Netzwerks unterscheidet sich fundamental von der phänomenologischen Netzwerktheorie. Dann Latour hat es eher als ein neues Werkzeug konzipiert, um die Verknüpfung zwischen heterogenen Elementen zu reflektieren (vgl. Latour 2014, S. 68 ff.). Im Blickpunkt stehen dabei weniger die Elemente des netzförmigen Ensembles als vielmehr die „Zirkulation" zwischen ihnen, die auch als „Trajektorie der Elemente" bezeichnet wird. Die Trajektorie repräsentiert den Sinn eines Netzwerks (vgl. ebd., S. 98) – diese spezifische Verknüpfung von Elementen gewährleistet die Fortdauer des Handlungsverlaufs bzw. der Situation.

Die wichtigsten Aspekte:
1) Im Menschenbild der Netzwerktheorie werden Denken und Handeln von den umgebenden Beziehungen und Bezugspersonen mehr beeinflusst als von der sozialen Struktur.

2) Als Gegenthese zum rational, egoistisch und autonom handelnden „homo oeconomicus" wurde nach der Netzwerklogik der „homo dictyos" als Netzwerkmensch konzipiert. Seine Entscheidungen werden in Abhängigkeit vom Beziehungsgefüge bzw. seiner sozialen Einbettung getroffen.
3) Das „Gesetz der drei Schritte" lautet: (1) Wir prägen unser Netzwerk. (2) Das Netzwerk prägt uns./Unsere Freunde prägen uns. (3) Die Freunde der Freunde unserer Freunde prägen uns.
4) Dieses Verständnis beruht auf dem Mechanismus der Übertragung, indem alles, was jemand tut, seine direkten Kontakte, die Kontakte seiner Kontakte und die Kontakte der Kontakte seiner Kontakte beeinflusst (und umgekehrt).
5) Im Konzept des Netzwerks haben neben den direkten Kontakten, die von den starken bis zu der Vielzahl lockerer Beziehungen reichen, auch die indirekten einen hohen Stellenwert.
6) Die Sequenzen der Verbindungen zwischen den verschiedenen Beteiligten im Netzwerk werden als „Pfade" bezeichnet – die Länge eines Pfades ist die Anzahl der direkten Verbindungen zwischen zwei nicht direkt verbundenen Akteuren.
7) Das Netzwerk gilt als effiziente Organisationsform, weil es eine lockere und nach außen offene Struktur darstellt, sodass fortwährend weitere Knoten über neue Beziehungsanschlüsse integriert werden können.
8) Zwischen den Clustern im Netzwerk, in denen häufig Kommunikation stattfindet und deshalb ähnliche Sprachregelungen, Meinungen und Verhaltensmuster ausgebildet werden, entstehen unverbundene Zonen – sogenannte strukturelle Löcher.
9) Die Überbrückung struktureller Löcher eröffnet Informations- und Beeinflussungsvorteile.
10) Akteure, die an der Schnittstelle zwischen Beziehungskreisen stehen, haben eine Brückenfunktion und werden deshalb als Vermittler bezeichnet.
11) Über eine Vermittlung werden Verbindungen von der Außenseite zwischen den Clustern generiert.
12) Mit der Schließung von Netzwerken können strukturelle Löcher von der Innenseite aus abgebaut werden.
13) Gemeinsame Dispositionen wie Normen, Vertrauen, Sanktionen und Autorität spielen für die Produktion und Erhaltung des Sozialkapitals im Netzwerk, aus dem sowohl individueller als auch kollektiver Nutzen gezogen wird, eine hervorragende Bedeutung.
14) Der Bedeutungsgewinn der phänomenologischen Netzwerkperspektive wird auf die relationale Wende in der Soziologie zurückgeführt. Es wird weder vom einzelnen Akteur und dessen Entscheidungsautonomie noch von normativ unterlegten gesellschaftlichen Strukturen ausgegangen, sondern vom relationalen Beziehungsgefüge.

15) Den Referenzrahmen der phänomenologischen Netzwerktheorie bildet das Buch „Identity and Control – A Structural Theory of Social Action" von Harrison White (2008). Die Identitätsbildung findet zwischen unterschiedlich positionierten Akteuren in jeder Netzwerksituation statt. Dabei werden die verschiedenen positionsbedingten Erwartungshaltungen untereinander ausbalanciert, und die Ordnung des Verhaltens und der Handlungen wird durch Kontrollstrategien aufrechterhalten. Eine identitätsbildende narrative Story hält die verschiedenen Netzwerkeinbindungen wie eine Klammer zusammen.

16) Die Akteur-Netzwerk-Theorie will demgegenüber die Fokussierung des Netzwerkverständnisses auf Menschenbeziehungen überwinden und erweitert den Ansatz auf das Zusammenspiel von humanen und nicht-humanen Entitäten, d. h. von Menschen, Tieren, Institutionen und anderen beteiligten nichthumanen Elementen wie technische Artefakte oder sogar immaterielle Phänomene wie Programme und Diskurse.

17) Der Begriff des Akteurs wird in der Akteur-Netzwerk-Theorie durch den des Aktanten unter der Annahme ersetzt, dass nicht nur menschliche Wesen Aktivitäten hervorbringen.

Literaturempfehlungen zur Vertiefung

Für die vertiefte Auseinandersetzung mit der „phänomenologischen Netzwerktheorie" und der „Akteur-Netzwerk-Theorie" folgen hier ein paar Literaturempfehlungen:

Christakis, N. A., & Fowler, J. H. (2010). *Connected! Die Macht sozialer Netzwerke und warum Glück ansteckend ist*. Frankfurt am Main: Fischer.
Latour, B. (2007). *Eine neue Soziologie für eine neue Gesellschaft. Einführung in die Akteur-Netzwerk-Theorie*. Frankfurt am Main: Suhrkamp.
Stegbauer, C. (2016). *Grundlagen der Netzwerkforschung. Situation, Mikronetzwerke und Kultur* (S. 1–74). Wiesbaden: Springer VS.
White, H. C. (2008). *Identity and Control: How Social Formations Emerge*. 2. Aufl., Princeton University Press.

Empfehlungen für praxisbezogene Vertiefungen

Wenden Sie die Checkliste der phänomenologischen Netzwerktheorie auf ein Beispiel der Sozialwirtschaft an: Welche Perspektiven und Einsichten werden dadurch für die Netzwerkorientierung erschlossen?

Schreiben Sie diese Anwendung fort, indem Sie die Argumentation auf den Denkansatz der Akteur-Netzwerk-Theorie ausdehnen: Welche nicht-menschlichen Akteure müssen einbezogen werden? Inwieweit wird die Einsicht in den Kontext des Netzwerks erweitert? Wie nützlich erscheint Ihnen diese ausgedehntere Darstellung für das sozialwirtschaftliche Handeln?

Literatur

Albrecht, S. (2010). Knoten im Netzwerk. In C. Stegbauer & R. Häußling (Hrsg.), *Handbuch Netzwerkforschung* (S. 124–134). Wiesbaden: VS Verlag für Sozialwissenschaften.
Avenarius, C. (2010). Knoten im Netzwerk. In C. Stegbauer & R. Häußling (Hrsg.), *Handbuch Netzwerkforschung* (S. 124–134). Wiesbaden: VS Verlag für Sozialwissenschaften.
Burt, R. S. (1992). *Structural Holes. The Social Structure of Competition*. Cambridge: Harvard University Press.
Burt, R. S. (2001). Structural Holes versus Network Closure as Social Capital. In N. Lin, K. S. Cook & R. S. Burt (Hrsg.), *Social Capital. Theory and Research*. Aldine de Gruyter. http://snap.stanford.edu/class/cs224w-readings/burtoocapital.pdf. (Zugegriffen: 10.01.2017).
Burt, R. S. (2005). *Brokerage and Closure. An Introduction to Social Capital*. Oxford: Oxford University Press.
Burt, R. S. (2010). *Neighbor Networks. Competitive Advantage Local and Personal*. New York: Oxford University Press.
Burt, R. S., & Merluzzi, J. (2013). Embedded Brokerage. In S. P. Borgatti, D. J. Brass, D. S. Halgin, G. Labianca & A. Mehra (Hrsg.), *Research in the Sociology of Organizations*. Cambridge: Emerald Group Publishing. http://faculty.chicagobooth.edu/ronald.burt/research/files/EB.pdf. (Zugegriffen: 10.01.2017).
Christakis, N. A., & Fowler, J. H. (2010). *Connected! Die Macht sozialer Netzwerke und warum Glück ansteckend ist*. Frankfurt am Main: Fischer.
Clemens, I. (2017). Erziehungswissenschaft und Netzwerktheorie – eine Herausforderung an die Disziplin. *Soziologie*, 46, (S. 44–47).
Coleman, J. S. (1991). *Grundlagen der Sozialtheorie. Bd. 1: Handlungen und Handlungssysteme*. München: Oldenbourg.
Coleman, J. S. (1992). *Grundlagen der Sozialtheorie. Bd. 2: Körperschaften und die moderne Gesellschaft*. München: Oldenbourg.
Emirbayer, M., & Goodwin, J. (1994). Network Analysis, Culture, and the Problem of Agency. *American Journal of Sociology*, 99, (S. 1411–1454).
Foucault, M. (1978). *Dispositive der Macht. Über Sexualität, Wissen und Wahrheit*. Berlin: Merve.
Fuhse, J. (2016). *Soziale Netzwerke, Konzepte und Forschungsmethoden*. Konstanz und München: UVK.
Fuhse, J. (2010). Menschenbild. In C. Stegbauer & R. Häußling (Hrsg.), *Handbuch Netzwerkforschung* (S. 166–175). Wiesbaden: VS Verlag für Sozialwissenschaften.

Granovetter, M. S. (1973). The Strength Of Weak Ties. *American Journal of Sociology,* 78, (S. 1360–1380).
Granovetter, M. S. (1985). Economic Action and Social Structure. The Problem of Embeddedness. *American Journal of Sociology,* 91, (S. 481–510).
Häußling, R. (2010a). Relationale Soziologie. In C. Stegbauer & R. Häußling (Hrsg.), *Handbuch Netzwerkforschung* (S. 62–87). Wiesbaden: VS Verlag für Sozialwissenschaften.
Hennig, M. (2010). Soziales Kapital und seine Funktionsweise. In C. Stegbauer & R. Häußling (Hrsg.), *Handbuch Netzwerkforschung* (S. 176–189). Wiesbaden: VS Verlag für Sozialwissenschaften.
Hepp, A. (2010). Netzwerk und Kultur. In C. Stegbauer & R. Häußling (Hrsg.), *Handbuch Netzwerkforschung* (S. 226–234). Wiesbaden: VS Verlag für Sozialwissenschaften.
Horn, E., & Gisi, L. M. (2009). *Schwärme. Kollektive ohne Zentrum. Eine Wissensgeschichte zwischen Leben und Information.* Bielefeld: transcript.
Latour, B. (2007). *Eine neue Soziologie für eine neue Gesellschaft. Einführung in die Akteur-Netzwerk-Theorie.* Frankfurt am Main: Suhrkamp.
Latour, B. (2014). *Existenzweisen. Eine Anthropologie der Modernen.* Frankfurt am Main: Suhrkamp.
Laux, H. (2014). *Soziologie im Zeitalter der Komposition. Koordinaten einer integrativen Netzwerktheorie.* Weilerswist: Velbrück Wissenschaft.
Pappi, F. U. (Hrsg.) (1987). *Methoden der Netzwerkanalyse.* München, Wien: Oldenbourg.
Pappi, F. U. (1998). Soziale Netzwerke. In B. Schäfers & W. Zapf (Hrsg.), *Handwörterbuch zur Gesellschaft Deutschlands* (S. 584–596). Opladen: Leske + Budrich.
Peuker, B. (2010). Akteur-Netzwerk-Theorie (ANT). In C. Stegbauer & R. Häußling (Hrsg.), *Handbuch Netzwerkforschung* (S. 325–345). Wiesbaden: VS Verlag für Sozialwissenschaften.
Powell, W. W., Koput, K. W., & Smith-Doerr, L. (1996). Interorganizational Collaboration and the Locus of Innovation. Networks of Learning in Biotechnology. *Administrative Science Quarterly,* 41, (S. 116–145).
Raab, J. (2010). Der „Harvard Breakthrough". In C. Stegbauer & R. Häußling (Hrsg.), *Handbuch Netzwerkforschung* (S. 29–37). Wiesbaden: VS Verlag für Sozialwissenschaften.
Scheidegger, N. (2010). Strukturelle Löcher. In C. Stegbauer & R. Häußling (Hrsg.), *Handbuch Netzwerkforschung* (S. 145–155). Wiesbaden: VS Verlag für Sozialwissenschaften.
Schmitt, M., & Fuhse, J. (2015). *Zur Aktualität von Harrison White, Einführung in sein Werk.* Wiesbaden: Springer VS.
Simmel, G. (1908). Die Kreuzung sozialer Kreise. In G. Simmel, *Soziologie. Untersuchungen über die Formen der Vergesellschaftung* (S. 305–344). Berlin: Duncker & Humblodt.
Stegbauer, C. (2017). Netzwerkforschung. Grundlagen, Mikronetzwerke, Medien, Kultur und Interdisziplinarität. *Soziologie,* 46, (S. 18–22).

Stegbauer, C. (2010). Positionen und positionale System. In C. Stegbauer & R. Häußling (Hrsg.), *Handbuch Netzwerkforschung* (S. 135–144). Wiesbaden: VS Verlag für Sozialwissenschaften.

Stegbauer, C. (2016). *Grundlagen der Netzwerkforschung. Situation, Mikronetzwerke und Kultur*. Wiesbaden: Springer VS.

Weyer, J. (1993). System und Akteur. Zum Nutzen zweier soziologischer Paradigmen bei der Erklärung erfolgreichen Scheiterns. *Kölner Zeitschrift für Soziologie und Sozialpsychologie*, 45, (S. 1–22).

White, H. C. (1981). Where Do Markets Come From? *American Journal of Sociology*, 87, (S. 517–547).

White, H. C. (2008). *Identity and Control. How Social Formations Emerge*. 2. Aufl., Princeton University Press.

Lebensweltliche und organisierte Netzwerke 4

Zusammenfassung

Grundsätzlich werden zwei Netzwerktypen gegenübergestellt. Die natürlich interpersonell geknüpften Beziehungsgeflechte der Lebenswelten werden abgegrenzt von gezielt – im Rahmen von professioneller Kooperation und Koordination – organisierten Netzwerken. Damit ist auch die Unterscheidung von zwei Zugängen – nämlich zu zivilgesellschaftlichem oder professionellem – Sozialkapital verbunden. Besonders betont wird die Anschlussfähigkeit organisierter an lebensweltliche Netzwerke bei der Koproduktion fachlich-professioneller Dienstleistungen als Alleinstellungsmerkmal der Sozialwirtschaft und der sozialen Arbeit. Herausgearbeitet wird die bedeutende Rolle von Kooperation und Koordination als Mittel der Strukturierung organisierter Netzwerke.

Lernziel

Aus der Perspektive der Sozialwirtschaft ist es sinnvoll, die Phänomenologie der Netzwerke nach zwei Grundtypen zu unterscheiden. Mit dem Kapitel soll die Fähigkeit entwickelt werden, einerseits lebensweltliche von organisierten Netzwerken differenzieren zu können und andererseits ihre gegenseitige funktionale Abhängigkeit – d.h. auch die Notwendigkeit der Anschlussfähigkeit – zu erkennen.

In der Sozialwirtschaft und in der sozialen Arbeit kann die *Phänomenologie der Netzwerke* unter zwei Blickwinkeln differenziert werden: Im professionellen Handlungssystem der Sozialwirtschaft als Form der operativen Praxis, der interinstitutionellen Organisation sowie der strategischen Steuerung und aus der Perspektive der Adressatinnen und Adressaten als persönliches Beziehungsgeflecht. Zusammengefasst lassen sich *lebensweltliche und organisierte Netzwerke als prinzipielle Typen* voneinander unterscheiden: Bei den lebensweltlichen Netzwerken handelt es sich um persönliche Netzwerke – d.h. sie werden zwischen den Menschen an den Orten der alltäglichen Interaktionen geknüpft. Die organisierten Netzwerke repräsentieren insbesondere die interinstitutionelle Kooperation, die von professionellen Verbindungen getragen wird (vgl. Bullinger und Nowak 1998, S. 70 ff.). Im organisierten Bereich besitzen die Netzwerke oft einen „bipartiten" Charakter, weil sowohl Organisationen als auch die sie vertretenden Personen die Rolle der Akteure einnehmen. Die entscheidenden Verbindungspunkte sind die Personen und die Situationen, in denen sie aufeinandertreffen: Ihr Engagement und insbesondere ihre Sozial- und Persönlichkeitskompetenz sichern die gesellschaftliche Verflechtung im Allgemeinen und die organisationale Verflechtung im Besonderen.

Die lebensweltlichen Netzwerke repräsentieren „natürliche Netzwerke", weil sie organisch in den alltäglichen Interaktionen entstehen – die organisierten haben demgegenüber den Charakter von „künstlichen Netzwerken" (vgl. Straus 1990), die auf der Basis professioneller oder organisierter Verbindungen generiert werden: In den natürlichen Netzen werden überwiegend soziale Ressourcen gebündelt; im Zentrum steht dabei das primäre Beziehungssystem, das nicht organisiert ist und einen informellen Charakter aufweist (vgl. Abb. 4-1). In der Familie, im Freundeskreis und in vertrauten Kollegencliquen dominieren die Funktionen Vermittlung von Gefühlen, Aufbau von Vertrauen und Mobilisierung von Hilfe und Unterstützung.

Zu den natürlichen Verflechtungen gehören auch Netzwerke, die auf schwachen Beziehungen oder auf gemeinsamen Interessen beruhen. Während die engen Nahbeziehungen eine relativ hohe Stabilität in der Zeit aufweisen und von starken Bindungen geprägt sind, herrscht in den Netzwerken mit eher schwachen Bindungen eine größere Beziehungsflexibilität vor. Die Grundlagen bilden die Zugehörigkeit (z.B. zur Nachbarschaft) oder die Mitgliedschaft und thematische Interessen (z.B. Initiative, Verein, Unternehmen, Partei, politische Gremien). Die schwachen Beziehungen ermöglichen einen vielfältigen Zugang zu sozialen Ressourcen im sozialen und räumlichen Umfeld. Unter der sozialwirtschaftlichen Perspektive ist bedeutsam, dass die lebensweltlichen Netzwerke das *zivilgesellschaftliche Sozialkapital im Sozialraum* und in der Gemeinde repräsentieren.

Den lebensweltlichen Netzen der natürlichen interpersonellen Beziehungen im Alltagsleben stehen die organisierten Netzwerke gegenüber, die durch Verfahren konstruiert werden und in denen überwiegend professionelle Ressourcen zur Bildung von Koalitionen und zur Koordination von Aktivitäten gebündelt wer-

Abbildung 4-1 Basistypologie von Netzwerken

Lebensweltliche Netzwerke Sozialkapital: soziale Ressourcen Natürlich gewachsen in persönlichen Beziehungen			Organisierte Netzwerke Sozialkapital: Fachliche Ressourcen Gestaltet über professionelle Kooperation	
Nicht formalisiert	Gering formalisiert	Stark formalisiert	Gemeinnützige Kooperation	Marktkooperation
Enge Nahbeziehungen	Kleine Netze	große Netze mit Themenfokus	Interinstitutionell	Unternehmensnetz
z. B. Familie Verwandte Freund*innen	z. B. Selbsthilfekreis Nachbarnetz Freizeitclique	z. B. Verein, Partei Organisation	z. B. Governancenetz der öffentl. Hände u. subsidiären Träger	z. B. Produktionsnetz der Mobilwirtschaft Händlerverbund

Stärkung des persönlichen Sozialkapitals – Zugänge zu lokalen sozialen Ressourcen

Bündelung professionellen Sozialkapitals – Zugänge zu institutionellen Ressourcen

Anschlussfähigkeit der professionellen Strukturen an die lokalen Potenziale

Quelle: verändert nach Straus 1990, S. 498

den (vgl. Abb. 4-1). Auch dabei wird eine spezifische Form des Sozialkapitals generiert, das sozialwirtschaftlich relevant ist; denn diese Netzwerke repräsentieren das *professionelle Sozialkapital im interinstitutionellen Raum* der Träger, der Organisationen und der Einrichtungen. Während in dichten interpersonellen Netzwerken mit starken Beziehungen vor allem bindendes Sozialkapital (Bonding Capital) entsteht, spielt in organisierten Netzwerken mit schwachen Beziehungen, die strukturelle Löcher schließen, eher überbrückendes Sozialkapital (Bridging Capital) eine Rolle (vgl. Wald 2010, S. 631).

Die organisierten Vernetzungen sind insbesondere in zwei Ausprägungen vorzufinden (vgl. Abb. 4-1): Einerseits geht es um marktbasierte Kooperationen (im Profit-Bereich), beispielsweise in Produktions- und Unternehmensnetzen von Automobilunternehmen und ihren Zulieferern (Marktnetzwerke). Andererseits handelt es sich um Vernetzungen unter öffentlichen, sozialwirtschaftlichen und zivilgesellschaftlichen Akteuren im Non-Profit-Bereich (z. B. *Governance-Netzwerke und Netzwerkkooperationen der Sozialwirtschaft*). Organisierte Netzwerke gewinnen in der Gebietskörperschaft den Stellenwert einer sozialen Infrastruktur, wenn sie stabil, also als Kollektivgut permanent verfügbar sind.

Ein Alleinstellungsmerkmal der Sozialwirtschaft und der sozialen Arbeit besteht darin, dass die in den natürlichen Netzen gebündelten sozialen Ressourcen – wie z. B. die Netzwerke der Verwandtschaft (z. B. Adressatinnen, Adressaten und ihre Angehörigen) und die Netzwerke lokaler Solidargemeinschaften (z. B. Ehrenamtliche) – im Rahmen der Koproduktion fachlich-professioneller Dienstleistungen beteiligt sind. Bei der Konstruktion organisierter Netzwerke werden daher nicht nur professionelle Ressourcen gebündelt und fachliche Aktivitäten interdisziplinär koordiniert, sondern sie müssen auch anschlussfähig an lokale Beziehungsstrukturen sein.

Vor diesem Hintergrund wäre es fatal, den Ausbau von Netzen interinstitutioneller Kooperation nur als Effizienz-Treiber zu verstehen, also nur eine sozialwirtschaftliche Variante des Lean Management und des Reengineerings zu verfolgen (Management-Logik). Stattdessen ist als zentrale Anforderung organisierter Netzwerke festzuhalten: Die Vernetzung von Akteuren verschiedener Fachbereiche muss (1) die vorhandenen professionellen Kompetenzen (2) nach Qualitätsmaßstäben bündeln, damit (3) in einer koordinierten Kette fachlicher Dienstleistungsprozesse (4) ein höherer Wirkungsgrad bzw. ein höherer Nutzen für die Adressatinnen und Adressaten erzielt wird (Governance-Logik).

Dies erfordert entsprechende Rahmenbedingungen für die interorganisatorische Abstimmung: Zu nennen sind hier besonders (a) das komplementäre Zusammenwirken aller Ebenen bei der Netzwerkkooperation, (b) die Bereitstellung der notwendigen Ressourcen sowohl für den Aufbau als auch für den kontinuierlichen Betrieb eines Netzwerkes als soziale Infrastruktur und (c) ein geeignetes Managementmodell zur Koordination der interinstitutionellen Kooperation.

4.1 Lebensweltliche Netzwerke

Lebensweltliche Netzwerke werden definiert als die abgegrenzte Menge von Knoten – repräsentiert von Personen – und die Menge der zwischen ihnen verlaufenden Verbindungen (vgl. Pappi 1987). Die *Netze der lebensweltlichen Beziehungen* bilden eine eigenständige Ebene mikrosozialer Strukturen, die von Familie und Verwandtschaft über Nachbarschaft, Kollegialität und Bekanntschaft bis hin zur Freundschaft und zum Bündnis reichen und in der Negativversion Konflikte repräsentieren (vgl. Fuhse 2017, S. 28). Ihre Verknüpfung erfolgt in den Situationen bzw. *an den Orten der Lebenswelten* – vom Zuhause über Bildungseinrichtungen und Arbeitsplätze bis hin zu Konsumgelegenheiten und Treffpunkten in der Freizeit.

Mit dem Begriff der Vernetzung werden die Verbindung zwischen den Akteuren über Beziehungen und der kontinuierliche Prozess der Beziehungspflege an den lebensweltlichen Gelegenheiten bezeichnet. Eine Rolle bei der Prozessgestaltung spielen Interaktionsmerkmale wie der Inhalt, die Intensität, die Häufigkeit, die Gegenseitigkeit sowie die Dauer von Beziehungen und besondere Strukturmerkmale des Netzwerks wie die Erreichbarkeit der Akteure untereinander, die Beziehungsdichte sowie die (sozial-)strukturelle oder räumliche Reichweite. Das besondere Kennzeichen einer Verbindung zwischen Akteuren besteht insgesamt darin, dass eine *gegenseitige Beeinflussung und Unterstützung* stattfindet (vgl. Weyer 2000, S. 1 ff.).

Lebensweltliche Netzwerke finden besondere Beachtung im *Arbeitsprinzip der Gemeinwesenarbeit*. Die persönlichen Netzwerke der Familie, der Freunde und Bekannten sowie der Arbeitskolleginnen und -kollegen werden durch fachliche Interventionen und Angebote in der Nachbarschaft und im Stadtquartier zu einem Lebenszusammenhang integriert. Die Gemeinwesenarbeit versteht sich dabei als *intermediärer Vermittler*, der das strukturelle Loch zwischen den Lebenswelten der Individuen und den Institutionen überbrückt – zum Beispiel zwischen Kindern und Schulinstitution oder zwischen Nachbarn und dem vermietenden Wohnungsunternehmen (vgl. Noack 1999, S. 27). In der sozialen Arbeit sind eine Reihe von Konzepten der Netzwerkarbeit und Netzwerkintervention für lebensweltliche Netzwerke entwickelt und implementiert worden (z. B. Bauer und Otto 2005, Bd. 1; Bullinger und Nowak 1998, S. 139 ff.; Straus 1990, S. 496 ff.).

Dabei wird der Netzwerkbegriff nicht abstrakt als Analysekategorie genutzt, sondern mit Merkmalen der Lebenssituation verbunden. Folglich nimmt die Gemeinwesenarbeit klassenspezifische Netzwerke (etwa in benachteiligten Wohngebieten), geschlechtsspezifische Netzwerke (etwa von alleinerziehenden Frauen), Kindernetzwerke (etwa von vernachlässigten Straßenkindern) und weitere lokale Netzwerkarten (alteingesessene Senioren, Menschen mit Migrationshintergrund) in den Blick und schneidet das fachliche Handeln auf die besonderen Situationen der Einbettung, auf die Stories der kommunikativen Vermittlung und auf die entwickelte Kultur in diesen Beziehungskontexten zu.

Das Verständnis der lebensweltlichen Netzwerke ist eng mit dem Begriff der „Gemeinschaft" verbunden. Während das traditionelle soziologische Konzept von Tönnies am Ende des 19. Jahrhunderts Gemeinschaften des Blutes (Verwandtschaft), des Ortes (Nachbarschaft) und des Geistes (Freundschaft) noch dichotomisch vom indifferenten Beziehungsgefüge der Gesellschaft abtrennt, betont der Kommunitarismus am Ende des 20. Jahrhunderts das gemeinschaftlich fundierte Netzwerk als Grundlage einer integrierten Gesellschaft:

> „Dieses Netzwerk tritt dafür ein, soziale Probleme vorrangig durch eine Stärkung gemeinschaftlicher Bindungen zu bewältigen […] Eine Erziehung zu Tugendhaftigkeit, Verantwortungsgefühl und Pflichtbewusstsein soll Familien stärken, Teenagerschwangerschaften vorbeugen, Gesetzestreue fördern und Zivilität wiederbeleben" (Rosa et al. 2010, S. 137).

In den lebensweltlichen Netzwerken werden somit die *Grundlagen der gesellschaftlichen Kohäsion und Integration* gelegt. Die konstituierenden Kriterien sind: erstens verbindende Situationen und Narrative wie etwa Tradition, Sprachformen, affektive Assoziationen, gemeinsame Aktivitäten oder das geografische Territorium; zweitens eine implizit oder explizit formulierte Zugehörigkeit zu einem sozialen Zusammenhang wie etwa eine ähnliche oder übereinstimmende Lebenssituation; und drittens Regeln und Praktiken einer Kultur, durch die das Individuum Teil des Beziehungsgeflechts wird (vgl. ebd., S. 176). Exemplarisch kann auf das Netzwerk alleinerziehender Mütter verwiesen werden, deren Geflecht durch das Narrativ der „guten" Kindererziehung, die gemeinsame Lebenslage in einem Stadtgebiet und die regelmäßigen Treffen im Eltern-Café des örtlichen Familienzentrums konstituiert wird.

4.2 Organisierte Netzwerke in und zwischen Funktionssystemen

Organisierte Netzwerke stellen auch eine abgegrenzte Menge von Knoten und der zwischen ihnen verlaufenden Verbindungen dar. Allerdings resultieren sie nicht primär aus den interpersonellen Begegnungen, die im Alltag quasi natürlich und relativ organisch – d. h. ungesteuert – stattfinden, sondern werden aus *professionellen Kontexten* heraus gezielt designt und gestaltet. Durch das organisierte Zusammenwirken kann zwischen den Personen aber parallel eine lebensweltliche Vernetzung entstehen, die bis in die alltäglichen Freizeitbezüge hineinreicht. Im Fokus von nicht natürlich gewachsenen, sondern künstlich initiierten Netzwerken stehen die *Organisationsmuster der Kooperation und Koordination*. Auf der einen Seite können Netzwerke vertikal durch eine zentrale hierarchische Koordinationsagentur strukturiert werden – auf der anderen Seite horizontal über eine polyzentral-heterarchische Struktur. Auf der dritten Seite lassen sich diagonal strukturierte Netzwerke unterscheiden, bei denen die Richtung der heterarchischen Koordination quer über mehrere Funktionsbereiche hinweg verläuft und die an hierarchische Strukturen anschließen.

Die geregelte Kooperation zwischen Menschen bildet den anthropologischen Kern von organisierten Netzwerken. Neben der internen (innerbetrieblichen) Kooperation durch Arbeitsteilung (Mikroperspektive) ist die externe (zwischenbetriebliche) Zusammenarbeit zu nennen. Die Zusammenarbeit beruht dabei entweder auf implizit-stillschweigenden (informellen) oder explizit-vertraglichen (formellen) Vereinbarungen zwischen den Akteuren (mikrosozial: Individuen und meso-/makrosozial: Organisationen). Die Kooperation auf der meso- und makrosozialen Ebene findet in der Regel zwischen zwei oder mehr wirtschaftlich und rechtlich selbständigen Organisationen zur Erreichung eines oder mehrerer gemeinsamer Ziele statt, indem zweckorientiert eine Funktionskoordination und gemeinsame Funktionserfüllung erfolgt. Bei dieser Kooperation im Netzwerkverbund sind *Autonomie und Interdependenz* gleichzeitig vorhanden, was eine Paradoxie von Bewahrung der rechtlichen und wirtschaftlichen Selbständigkeit auf der einen Seite und ihre Einengung durch Funktionszusammenlegung oder -abstimmung mit Partnern in Kooperationsfeldern auf der anderen Seite impliziert (vgl. Kraege 1997, S. 4). Zu unterscheiden ist dabei eine Kooperation, die der Erstellung einer Leistung (Produkte, Dienstleistungen als Primärprozess) dient, von einer Zusammenarbeit, die keine verwertbaren Leistungen erstellt, sondern der Bündelung von Interessen der Partner dient oder auch Absprachen im Vorfeld einer koordinierten Leistungserstellung (als Sekundärprozess) trifft.

Der Begriff der Kooperation ist im Diskurs schnell zur Hand, aber beim näheren Hinsehen fällt auf, dass er oft als Black-Box benutzt wird – was genau gemeint ist, bleibt unbekannt oder zumindest unscharf. Die Neigung, das Schlagwort nahezu inhaltsleer zu verwenden, hängt vor allem damit zusammen, dass es grundsätzlich positiv besetzt ist. Daher ist erst einmal eine Annäherung und Klärung notwendig, was unter dem Begriff der Kooperation zu verstehen ist. Richard Sennett bezeichnet die *Kooperation als „handwerkliche Kunst",* „einander zu verstehen und aufeinander zu reagieren, um gemeinsames Handeln zu ermöglichen" (2012, S. 10) und um etwas im Verbund zu schaffen, was der einzelne Akteur allein nicht bewerkstelligen kann. Kooperation wird kurz und knapp „als Austausch, von dem alle Beteiligten profitieren", definiert (ebd., S. 17). Insofern findet eine Emergenz statt, weil das Kooperationsgefüge Eigenschaften aufweist, die einzelne Beteiligte für sich nicht haben. Dazu bedürfen die Beteiligten einer Reihe von Fähigkeiten und Fertigkeiten; denn es sind sowohl dialogisch-kommunikative als auch instrumentelle Interaktionen aneinander anzuschließen.

Verallgemeinernd lassen sich drei *Grundtypen der Kooperation* unterscheiden (vgl. ebd., S. 66 ff.): (1) die *betrieblich-professionelle Kooperation,* bei der zur Erstellung von Produkten oder Dienstleistungen unterschiedliche Kompetenzen anschlussfähig sein müssen (Typ: „*Werkstatt"/Betrieb*); (2) die *(proto-)politische Abstimmung* von unterschiedlichen Interessen untereinander (Typ: „*Koalition"*); und (3) das *alltägliche Zusammenwirken* von Menschen im Umfeld des Wohnbereiches (Typ: „*Gemeinwesen"*). Die Werkstatt repräsentiert das Modell einer kontinuierlichen Kooperation interdependent verflochtener Akteure. Es handelt sich um einen kulturellen Ort, an dem die Beteiligten durch komplexe soziale Rituale mit wechselseitigen Verpflichtungen arbeitsteilig verbunden werden (vgl. ebd., S. 83). Die Kooperationsfähigkeit ist in der Kompetenz des einzelnen Akteurs angelegt. Die Feinabstimmung der politischen Kooperation beruht auf „Ritualen wechselseitigen Respekts", weil die gemeinsamen Interessen allein nicht ausreichen, Koalitionen zu bilden (vgl. ebd., S. 90). Das zu Grunde liegende Verhältnis der Gegenseitigkeit von auf Hinterbühnen eingegangenen Kompromissen bleibt allerdings oftmals nach außen undurchsichtig. Die Kooperation im Gemeinwesen beruht demgegenüber im Wesentlichen mehr auf informellen gemeinschaftlichen Kontakten, die sich zu Netzwerken figurieren. Vor diesem Hintergrund macht den Unterschied aus, ob die Kooperation der Erstellung einer Leistung (Produkt, Dienstleistung) dient, oder ob keine verwertbaren Leistungen erstellt, sondern Interessen der Partner gebündelt werden sollen (Koalition, Gemeinwesen).

Die Bedingungen des Gelingens von Kooperation werden nachdrücklich im *Modell* des *„sozialen Dreiecks"* von Richard Sennett unterstrichen (vgl. ebd., S. 201 ff.): Danach kann das Zusammenspiel von Autorität, Respekt, Vertrauen und Bindungen als Bedingungsgefüge der gelingenden Kooperation verstanden werden. Wenn die Akteure untereinander Respekt bezeugen, gegenseitig ihre Autoritäten (z. B. disziplinäre Kompetenz) anerkennen und Vertrauen zueinander haben, dann wird eine – sich gegenseitig unterstützende – Kooperation auf der Grundlage vertrauensvoller Bindungen möglich (vgl. Abb. 4-2).

Die Autorität stärkt das Kooperationsgefüge, weil in informellen Austauschritualen interdisziplinäre Kopplungen möglich werden, das Vertrauen bildet die Grundlage für Solidarität im Kooperationsgefüge, und in der gemeinsamen Bewältigung von schwierigen Problemen wird die Kooperation stabilisiert. Im Zu-

Abbildung 4-2   Das soziale Dreieck nach Richard Sennett

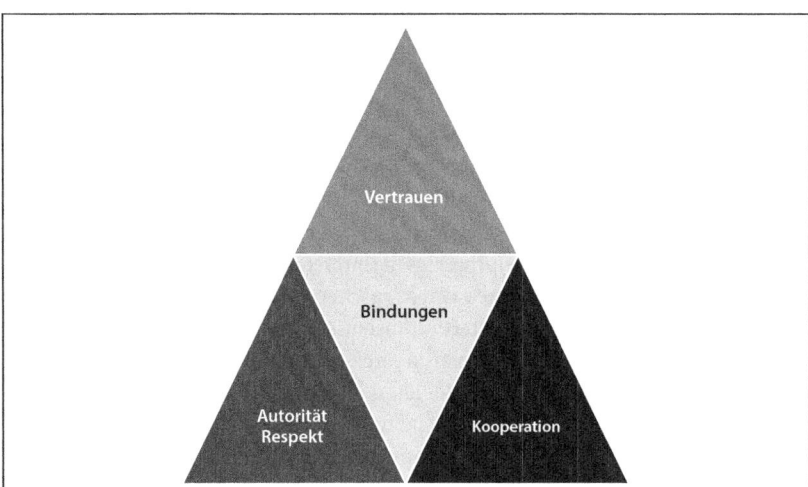

Eigene Darstellung

sammenspiel von verdienter Autorität, von gegenseitigem Vertrauen und von gefestigter Kooperation werden die Bindungen und informellen Beziehungen unter den Beteiligten gestärkt. Sennett spricht von einer „kohärenten sozialen Struktur", bei der die Seiten des Dreiecks gefestigt werden, wenn die jeweils anderen gestärkt werden (vgl. ebd., S. 211).

Organisierte Netzwerke basieren auf Kooperation und repräsentieren im Kontrast zu den lebensweltlichen Netzwerken eine moderne hybride Organisationsform, in der die einzelnen Akteure weder unabhängig (wie in der Marktsituation) noch einseitig voneinander abhängig sind (wie im Modell der bürokratischen Hierarchie):

„Diese Form von Vernetzung unterscheidet sich (…) stark von älteren sozialpolitischen Vernetzungsstrategien, die z. B. den Aufbau von sozialen Unterstützungsnetzwerken, Ressourcenmobilisierung im sozialen Umfeld von Hilfesuchenden oder die Initiierung bürgerschaftlichen Engagements zum Gegenstand hatten oder haben. (…) Statt interpersonelle, soziale Beziehungen zu fördern, sollen Systeme netzwerkorganisatorisch restrukturiert und kooperativ gesteuert werden" (vgl. Dahme und Wohlfahrt 2000, S. 48).

Für die Organisation von Prozessen auf der meso- und makrosozialen Ebene werden organisierte Netzwerke als neue flexible Steuerungsform zwischen Markt und Hierarchie bewertet, um die Kooperationskultur zwischen öffentlichen und privaten Akteuren zu verbessern und nichtstaatliche Interessen wirkungsvoll einbinden zu können (vgl. Müller-Jentsch 2003, S. 113 ff.). Es findet weder ein folgenloser Marktaustausch noch eine administrative Vorgabe statt und dafür steht der Begriff der Teilautonomie, wonach sich die Akteure in wechselseitiger Abhängigkeit (Interdependenz) befinden.

Die Konkurrenz zwischen den beteiligten Organisationen und die vereinbarte Kooperation zwischen den beteiligten Personen verschmelzen zur ambivalenten Konfiguration einer „coopetition" (vgl. Nalebuff und Brandenburger 1995), was im Deutschen als Koopkurrenz übersetzt werden kann. Ein Schlüsselmerkmal ist dabei die lose Kopplung zwischen den Akteuren. Sie ermöglicht eine kooperative und diskursive Koordination, bei der die Akteure sich gegenseitig abstimmen und an Absprachen binden, ohne dass die (Teil-)Autonomie der Beteiligten in Frage gestellt wird. Daraus resultiert eine dezentralisierte, anpassungsfähige Organisationsstruktur der gezielten Verhandlung und Allianzbildung. Die Beziehungen können flexibel in die eine oder andere Richtung des Netzwerks aktiviert werden.

Konzepte der Netzwerkarbeit und Netzwerkintervention für organisierte Netzwerke wurden zuerst im Profit-Sektor entwickelt, seit den frühen 2000er Jahren werden analoge Ansätze für den Non-Profit-Sektor konzipiert (vgl. z. B. Bauer und

Otto 2005, Bd. 2). Auf der interpersonellen Ebene wird oft von der Fehleinschätzung ausgegangen, organisierte Netzwerke im professionellen Bereich würden nach den denselben Solidaritätsregeln funktionieren wie natürliche Netzwerke. Nach der Erfahrung von Koopkurrenz als typisches Merkmal sind Enttäuschungen und Verstörungen entsprechend vorprogrammiert. Allerdings können sich lebensweltliche Netzwerke an das organisierte Zusammenwirken anlagern. Das ist beispielsweise der Fall, wenn zwischen den Personen, die miteinander professionell kooperieren, auf Grund von Sympathie oder ähnlichen Interessen ein begleitendes lebensweltliches Beziehungssystem entsteht, das auf die Freizeit fokussiert ist. Ähnlich sind Schnittstellen zu Ehrenamtlichen zu bewerten.

Daher ist es wichtig, im Non-Profit-Sektor eine realistische Einschätzung des Umgangs mit organisierten Netzwerken zu gewinnen. Denn die Modelle des Managements aus dem Profit-Sektor können nicht ohne Modifikation übertragen werden, weil die professionellen Vernetzungen in den Feldern der sozialen Dienstleistungen nicht auf die Verbindung der Potenziale der beteiligten Organisationen beschränkt werden können. Vielmehr ist es für den Erfolg dieser interinstitutionellen Kooperation notwendig, dass die Netzwerkkaskade fortgesetzt wird – d. h. dass die professionell organisierten Netze anschlussfähig sind an die zivilgesellschaftlichen lebensweltlichen Netzwerke vor Ort – etwa von Angehörigen der Adressatinnen und Adressaten sowie der Ehrenamtlichen – im Sozialraum. Im Feld der kommunalen Daseinsvorsorge ist unter Aspekten der Qualitätssicherung deshalb darauf zu achten, dass organisierte Netzwerke nicht nur technokratisch konstruiert werden, sondern durch Akteursbrücken dynamisch mit den natürlichen Vernetzungen verbunden bleiben. Es geht um die Wirkungsrelevanz der Verbindung der zivilgesellschaftlichen mit den fachlichen Netzstrukturen.

4.3 Bedeutungsgewinn der organisierten Netzwerke in der Organisations- und Managementforschung

Im Laufe der vergangenen Jahrzehnte hat sich das Interesse von den naturwüchsig entstandenen Netzwerken im interpersonellen Interaktionsalltag hin zum Typ bewusst geschaffener und zielgerichtet operierender interorganisatorischer Netzwerke als Organisationsgebilde verschoben. Die Analyse organisierter Netzwerke hat inzwischen einen hohen Stellenwert in den Management- und Organisationswissenschaften erlangt – dabei geht es vor allem um die Frage, welche strukturellen Positionen innerhalb einer Organisation im Hinblick auf die Performanz des Netzwerks besonders positiv wirken (vgl. Raab 2010, S. 576). Der Typ organisierter Netzwerke ist in mehreren wirtschaftlichen Feldern verbreitet – das Spektrum reicht sowohl in der Erwerbs- als auch in der Sozialwirtschaft von lokalen Austauschnetzwerken über Unternehmensnetzwerke als Allianzen bis hin zu internationalen (Handels-)Netzwerken (vgl. Mützel 2010, S. 601). *Organisierte Netzwerke* gelten als *eigenständige Form der Koordination der Produktion und des Tausches*: die Terminologie reicht von Netzwerkunternehmen bzw. Unternehmensnetzwerk über Wertschöpfungsnetzwerk bis hin zur allgemeinen Bezeichnung der Netzwerkorganisation (vgl. Wald 2010, S. 629). Bezugnehmend auf die institutionenökonomische Argumentation werden solche Netzwerke als *spezifischer Transaktionsmechanismus* zwischen Markt und Hierarchie definiert (vgl. Williamson 1990). Denn diese Organisationsform bietet den Vorteil, einfacher und schneller einen Zugang zu Informationen und zu Ressourcen bei den anderen Beteiligten des Netzwerks zu finden, als das Hierarchie oder Markt ermöglichen. Empirisch wird zwar zwischen intraorganisationalen von interorganisationalen Netzwerken differenziert (vgl. Tab. 4-1), aber der Schwerpunkt der Organisations- und Managementforschung liegt auf der interorganisationalen Verflechtung. Damit organisierte interorganisationale Netzwerke eine gesteigerte Wirtschaftlichkeit und höherwertige Produktqualität als Output aufweisen, gelten eine vertrauensvolle (informelle) und zugleich in formale Strukturen eingebettete Kooperation autonomer und zugleich interdependenter Akteure als notwendige Voraussetzung (vgl. Mützel 2010, S. 604).

Den Referenzrahmen bilden die Forschungen von Ronald Burt (1992), nach denen mit der Überbrückung von strukturellen Löchern innovative Ideen und eine leistungsstarke Performanz generiert werden, indem verschiedene Cluster innerhalb eines Netzwerks miteinander verknüpft werden. Danach ist für das Handeln eines Akteurs in wirtschaftlichen Feldern nicht die Beziehungsstärke entscheidend, sondern sein *Potenzial*, auf Basis der Struktur seines Beziehungsgefüges

Tabelle 4-1 Intra- und interorganisationale Netzwerke

Netzwerk	Akteure (Knoten)	Beziehungen (Kanten)	
		formal	informell
intraorganisational	Abhängige Formen: Mitarbeitende, interne Abteilungen, Tochterunternehmen	hierarchische Weisung Information, Kooperation, Beteiligung	Information, Kooperation, Unterstützung Lebensweltliche interpersonelle Beziehungen
interorganisational	Autonome Institutionen, Unternehmen	Personelle, finanzielle, rechtliche Verflechtung Information, Kooperation	

Quelle: eigene Darstellung nach Wald 2010, S. 630

Akteure ohne direkte Kontakte zueinander als Vermittler zu verbinden und damit das strukturelle Loch zu schließen (vgl. Mützel 2010, S. 603). Bedeutend ist somit nicht die unmittelbare soziale Verbundenheit von Akteuren, sondern die *strukturelle Äquivalenz der Position und Rollenstruktur eines Akteurs* relativ zu den anderen Akteuren im Netzwerk. Strukturell äquivalent sind zwei Akteure, wenn sie genau die gleichen Verbindungen zu und von anderen Mitgliedern des Netzwerks aufweisen, ohne notwendigerweise miteinander verbunden zu sein. Der Blickwinkel reicht bis hinunter auf die mikrosoziale Ebene der Arbeitsprozesse von Teams, deren Performanz überdurchschnittlich ausfällt, wenn die interne Dichte des kommunikativen Austausches auf Grund einer heterogenen Diversität reduziert und zugleich die Reichweite der externen Beziehungspfade in unterschiedliche Handlungsfelder hinein multidisziplinär hoch ist (vgl. Raab 2010, S. 577).

Einen weiteren Referenzrahmen bildet Mark Granovetters Konzept der sozialen Einbettung, die der unmittelbaren sozialen Verbundenheit von Akteuren im Netzwerk besondere Beachtung schenkt (vgl. 1985). Danach sind weder kulturelle Normen für das wirtschaftliche Handeln ausschlaggebend, noch werden rational Kosten und Nutzen abgewogen. Verantwortlich ist vor allem die Interdependenz der Akteure, auf Grund der „economic action is embedded in concrete, ongoing systems of social relations" (Granovetter; zitiert nach Mützel 2010, S. 602).

4.4 Netzwerkkooperation als Kern organisierter Netzwerke

Die *Netzwerkkooperation* hat den Charakter einer *multilateralen Zusammenarbeit*, die auf der Grundlage eines gemeinsamen Zieles vereinbart wird (vgl. Kraege 1997, S. 51). Die beteiligten Akteure bleiben dabei rechtlich und wirtschaftlich selbständige Einheiten mit einer Mindestautonomie, deren Leistungsbeiträge dezentral verantwortet werden. Die Kommunikation untereinander ersetzt die Unsicherheit der einzelnen Organisation durch selbst erzeugte Sicherheiten im Netzverbund. Die beteiligten Akteure ziehen daraus den gegenseitigen Nutzen, ihre Ressourcen bündeln, ihre Kapazitäten verknüpfen und ihr Leistungsspektrum erweitern zu können. Die einzelne Organisation behält ihre Selbständigkeit und kann trotzdem Ergebnisse realisieren, zu denen sie allein nicht in der Lage wäre.

Die Netzwerkkooperation folgt dem Modell der *Ressourcenzusammenlegung*, bei dem das resultierende *Netz als korporativer Akteur* verstanden werden kann (vgl. Preisendörfer 2005, S. 26 ff.). Im Gegensatz zu den natürlichen Netzwerken, die Strukturen „miteinander verknüpfter Personen" darstellen, bildet die künstlich induzierte Netzwerkkooperation in der Sozialwirtschaft ein Handlungssystem „miteinander verknüpfter Positionen" (vgl. Coleman 1992, S. 133 ff. und

S. 166). Die Ressourcen repräsentieren im Modell der Ressourcenzusammenlegung materielle und immaterielle Güter wie Zeit, Geld, Fähigkeiten oder Rechte. Als Ausgangspunkt der Netzwerkkooperation interagieren die Akteure unter einander über den Tausch und das Teilen der „Kontrolle über Ressourcen". Zum korporativen Akteur wird das organisierte Netzwerk dadurch, dass die Akteure die verhandelten Ressourcen in einen Pool einbringen, über den im Verbund disponiert wird (vgl. Preisendörfer 2005, S. 27). Der Korporationsertrag kommt im Rückfluss allen beteiligten Akteuren zu Gute – in der Sozialwirtschaft als Adressatennutzen insbesondere auch den Adressatinnen und Adressaten der verknüpften Dienstleistungen.

Die *konstitutiven Merkmale der Netzwerkkooperation* sind vor diesem Hintergrund (vgl. Kraege 1997, S. 51):

- Die mehr oder weniger explizite *Vereinbarung des Kooperationsinhalts* und der *Koordination auf der Grundlage eines gemeinsamen Zieles* (informell oder vertraglich, für einen begrenzten oder unbegrenzten zeitlichen Horizont);
- die Bewahrung der Akteure als rechtlich und wirtschaftlich selbständige Einheiten mit einer *Mindestautonomie* und der Option zum freiwilligen Ein- und Austritt,
- die *Aufteilung der Kontrolle* über das Zusammenwirken unter den Akteuren, um die Leistungsbeiträge dezentral verantworten, aber mono- oder polyzentral koordinieren zu können;
- die Konfiguration der Netzwerkorganisation durch eine „*Kommunikation von Entscheidungen*", damit die Unsicherheit der einzelnen Organisation durch gemeinsam im Netzverbund erzeugte Sicherheiten bewältigt werden kann.

Netzwerke werden als *interinstitutionelles Arrangement* getroffen, um die *Transaktionskosten* gering zu halten (vgl. Williamson 1990). Unter Transaktionskosten werden die ex-ante-Aufwendungen bis hin zum Abschluss einer vertraglichen Vereinbarung und die ex-post-Kosten nach Vertragsabschluss verstanden. Die ersten enthalten vor allem Kosten der Informationsbeschaffung und des Verhandlungsprozesses; die zweiten insbesondere Kosten der Überwachung vertraglicher Vereinbarungen, der Klärung kritischer Punkte oder der Nachverhandlung (vgl. Preisendörfer 2005, S. 48). Weil die Akteure im Rahmen beschränkter kognitiver Kapazitäten, unzureichender Information und relativer Ungewissheit handeln, wird über Verträge ein längerfristiges Gefüge aufgebaut (im Unterschied zum klassischen Vertrag der reinen Marktbeziehung beim einmaligen Leistungsaustausch). Allerdings resultiert daraus im zeitlichen Verlauf in einer längerfristigen Bindung eine Abhängigkeit zwischen den Netzwerkpartnern, die Möglichkeiten eröffnet, die Abhängigkeit anderer opportunistisch auszunutzen – z. B. durch Verändern von Kontraktinhalten in Nachverhandlungen (vgl. Kieser 2001, S. 228 f.). Netzwerkkooperationen senken somit die ex-ante-Transaktionskosten, aber die ex-post-Transaktionskosten können in Folge verstärkter Interdependenz mittel- bis längerfristig steigen.

„Netzwerke sind aus dieser Sicht nicht bloß Beziehungsmengen, sondern institutionalisierte Koordinations- und Steuerungsarrangements im Sinne von Governance. Ein Netzwerk ist ein Kooperationsverbund, in dem eine begrenzte Zahl relativ autonomer Akteure bei der Lösung eines gesellschaftlichen Problems in koordinierter Form zusammenwirken" (vgl. Schneider 2017, S. 38).

Auch die *Agenturtheorie* (in der normativen Perspektive als Principal-Agent-Theory und unter Bezugnahme auf empirische Randbedingungen auch als Theory of Agency; vgl. Kieser 2001, S. 209) leistet einen Beitrag für das Verständnis von Netzwerkkooperationen. Im Blickpunkt steht die dyadische Beziehung zwischen einem sogenannten Prinzipal und einem sogenannten Agenten (Ein Netzwerk kann mehrere solcher hierarchischen Dyaden beinhalten: z. B. Kommune als Prinzipal und freie Träger als Agenten). Der Prinzipal möchte, dass der Agent bestimmte Aufgaben für ihn erledigt, und überlässt ihm dafür Ressourcen und definierte Entscheidungskompetenzen gegen eine Belohnung (vgl. Preisendörfer 2005, S. 106). Die Beziehung ist jedoch ambivalent, denn neben dem gemeinsamen Interesse an einer Kooperation gibt es auch eine Interessendivergenz, weil sowohl der Prinzipal als auch der Agent eigene Interessen verfolgen, die nicht deckungsgleich sind bzw. von den gemeinsamen Interessen abweichen. Im Netzwerk spiegeln die Vertragsbeziehungen zwischen einem koordinierenden Fokalakteur und beteiligten Kooperationspartnern ein solches Verhältnis. Aus der Sicht des Prinzipals geht es darum, die Kooperation so auszugestalten, dass die Agenten die zu erledigenden Aufgaben weitgehend im Sinn des Prinzipals als Koordinationsinstanz ausführen, was Steuerungs- und Kontrollkosten verursacht (vgl. Kieser 2001, S. 212). Dabei soll eine asymmetrische Informationssituation vermieden werden, in der Agenten gegenüber dem Prinzipal einen Informationsvorsprung haben oder Informationen nur selegiert weitergeben (also für das Netz relevantes Wissen als „hidden information" zurückhalten) oder eigenständig und nicht abgestimmt den Handlungsspielraum für eigene Interessen ausnutzen („hidden action").

Zur Disziplinierung der Kooperationspartner als Agenten werden in der Regel spezifische Instrumente eingesetzt; mit Blick auf die Netzwerkkooperation sind vor allem (1) die direkte Verhaltenskontrolle (z. B. Berichtswesen), (2) die ergebnisabhängige Belohnung (z. B. leistungsorientierte Vergütung), (3) Kautionsregelungen und (4) Verbesserungen des Informationssystems (z. B. statistisches Berichtssystem) zu nennen. Die unmittelbare Überwachung ist im Allgemeinen mit

Kosten verbunden und kontraproduktiv, wenn es sich um komplexe Handlungssituationen handelt, in denen Agenten intrinsisch motiviert sein müssen, um angemessene Leistungen erbringen zu können. Die ergebnisabhängige Belohnung setzt voraus, dass die Arbeitsergebnisse messbar und einzelnen Agenten trennscharf zuzuordnen sowie nicht von externen Faktoren beeinflussbar sind. Kautionsregelungen sollen Einbußen kompensieren, die einer Netzwerkkooperation dadurch entstehen, dass ein Partner vorzeitig ausscheidet und Know-how oder Marktvorteile abschöpft. Und Verbesserungen des Informationssystems verfolgen das Ziel, den Informationsstand des koordinierenden Prinzipals zu verbessern (vgl. Preisendörfer 2005, S. 100 ff.). Daher kommt der Organisation des Zusammenwirkens eine große Bedeutung zu, wie Coleman feststellt:

> „In einem solchen System ist die Beziehungsstruktur zwischen den Positionen nicht, wie in einem selbst-konstituierten sozialen System (d. h. lebensweltliche Netzwerke, Anmerkung von H. S.), autonom organisiert, sondern wird durch ein zentrales Management festgelegt, um das Erreichen bestimmter Ziele zu gewährleisten, die den Zweck der Körperschaft ausmachen" (Coleman 1992, S. 166).

Schließlich können auch Bezüge zum *soziologischen Neo-Institutionalismus* hergestellt werden, der auf Distanz zur „rational systems view" des „homo oeconomicus" geht und eine Koinzidenz mit der phänomenologischen Netzwerktheorie aufweist. Institutionelle Kontexte wie normative Rahmenbedingungen, eingespielte Praktiken, entwickelte formelle und informelle Regelsysteme oder auch kulturelle Formen und Narrative spielen eine wichtige Rolle für die Erklärung der Netzwerkkooperation (vgl. Preisendörfer 2005, S. 145). Dem im ökonomischen Denken vorherrschenden Effizienzkriterium wird in diesem organisationswissenschaftlichen Ansatz nur ein begrenzter Einfluss auf die Ausgestaltung organisierter Netzwerke zugestanden. Die Formalstruktur (wie etwas nach außen als Soll dargestellt wird) und die Aktivitätsstruktur (wie etwas nach innen als Ist stattfindet) seien nur lose miteinander gekoppelt, weil die Effizienz lediglich ein Kriterium neben anderen repräsentiert, die für das Überleben der organisational geschaffenen Strukturen mindestens genauso bedeutsam sind. Als besonders relevant wird die Unterstützung und Anerkennung von außen angesehen, weil diese Faktoren erst den kontinuierlichen und nachhaltigen Zufluss von Ressourcen gewährleisten. Organisierte Netzwerke müssen sich danach in der Sozialwirtschaft so positionieren und präsentieren, dass sie die angestrebte Legitimität und Wertschätzung der Stakeholder in der Netzwerkumwelt erhalten (vgl. ebd., S. 146). Dabei findet ein Strukturangleichungsprozess von Organisation und Umwelt statt (vgl. Kieser 2001, S. 333): Einerseits sind organisierte Netzwerke in der Mobilitätswirtschaft deshalb anders aufgebaut als im Feld der Sozialwirtschaft und andererseits werden erfolgreiche organisierte Netzwerke kopiert und nachgeahmt. In der Sozialwirtschaft ist für die Anerkennung der Wohlfahrtsproduktion in der Umwelt eine Isomorphie zwischen den Werthaltungen, den normativen Regelungen und kulturellen Praktiken der Netzwerkkooperation erforderlich.

4.5 Transfer am sozialwirtschaftlichen Beispiel

Die Bildungsprozesse in Kindertagesstätten, in Grundschulen und in Nachmittagsangeboten von Sportvereinen und musischen Institutionen fanden lange unabhängig voneinander statt. Damit diese (wertschöpfenden) Prozesse, in denen kognitive, musische und motorische Kompetenzen als Werte entwickelt werden, ihren Kindern zugutekommen, organisieren Eltern mit einem hohen Bildungsniveau für ihre Kinder oftmals einen Wochenplan, damit diese Lernchancen genutzt werden können. Für Kinder aus Elternhäusern mit geringem Bildungsniveau beginnt die Benachteiligung bereits dadurch, dass ihre Eltern keinen Zugang zu solchen Gelegenheiten eröffnen. Mit den Infrastrukturkonzepten des Familienzentrums und der Ganztagsgrundschule soll diese Benachteiligung ausgeglichen werden, indem die Einrichtungen solche Angebote netzwerkförmig bereithalten. Durch diese organisierten Netzwerke wird der Adressatennutzen für benachteiligte Kinder erhöht – quasi eine höhere Wertschöpfung im pädagogischen Sinn erzielt. Die Bedürfnisse der Kinder als Adressatinnen und Adressaten werden durch die Bündelung der Vermittlung von Kompetenzen und Fertigkeiten in zufriedenstellender Weise erfüllt, so dass sie zu einem selbstbestimmten Leben befähigt werden. Der Schlüssel dafür ist, dass zuvor isolierte Leistungen zielgerichtet zu einer Folge von logisch zusammenhängenden Aktivitäten verbunden werden.

Exemplarisch kann diese Wertschöpfung anhand eines Netzwerkes veranschaulicht werden, das um eine vorschulische Einrichtung und eine Grundschule herum organisiert wird. In der obigen Grafik wird das beispielhaft an der Kombination fiktiver Inputs und Aktivitäten von Kindertagesstätte (KiTa), Grundschule und Förderzentrum als Orte der Wertschöpfung veranschaulicht (vgl. Abb. 4-3). Solche Muster sind typisch für Bildungslandschaften und Bildungsnetzwerke (vgl. Schubert und Puskeppeleit 2011).

Die Netzakteure weisen eine unterschiedliche Charakteristik auf: An erster Stelle sind die Orte der Wertschöpfung zu nennen. Es handelt sich um die Einrichtungen, in denen die pädagogischen Prozesse mit den Kindern stattfinden. Sie werden unterstützt von Systemzulieferern mit pädagogischen Konzepten, die den besonderen Unterstützungsbedarf abdecken. Damit dies umgesetzt werden kann, sind Komponentenzulieferer notwendig, die das dafür erforderliche Material oder die Gelegenheiten bereitstellen. Schließlich gehören dem Netz noch externe Fach-

Transfer am sozialwirtschaftlichen Beispiel 77

Abbildung 4-3 Beispiel für ein Wertschöpfungsnetzwerk in der Sozialwirtschaft

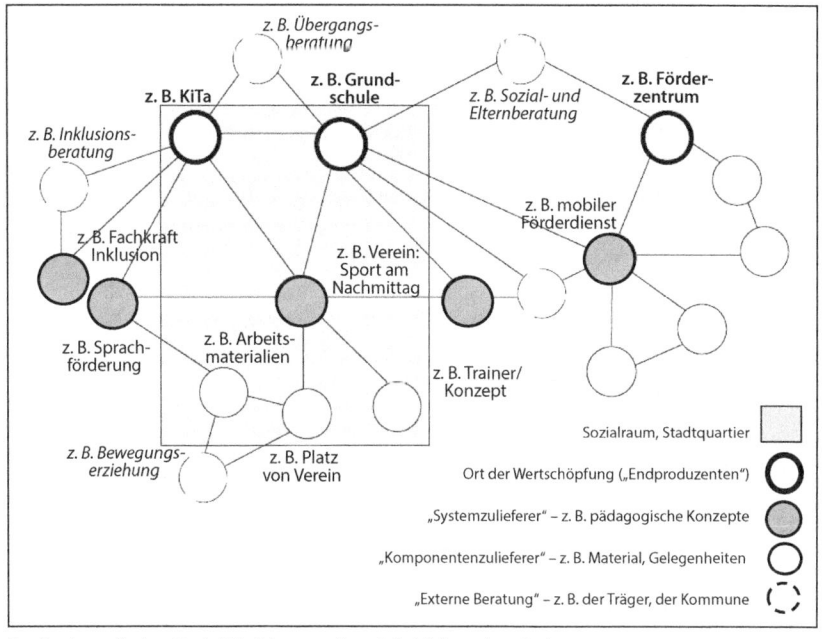

Quelle der grafischen Basis: Windeler 1998, S. 1 – inhaltlich stark verändert

beratungen an, die von der Kommune, vom Träger der Einrichtung oder von Non-Profit-Organisationen eingebracht werden, um das angestrebte Zusammenwirken auf einem hohen qualitativen Niveau sicherzustellen. In dem fiktiven Beispiel der Abb. 4-3 setzt sich das Netzwerk aus den folgenden Knoten zusammen:

- externe Übergangsberatung, wie die sozialpädagogischen Fachkräfte und das pädagogische Schulpersonal den Übergang der Kinder von der KiTa zur Grundschule erfolgreich gestalten;
- externe Inklusionsberatung und einer flexiblen Fachkraft für Inklusionspädagogik als Systemzulieferer, um die Integration von Kindern mit Handicap zu bewältigen;
- Sprachförderung als Systemzulieferer, um Kinder auf den sprachlichen Entwicklungsstand Gleichaltriger zu bringen;
- Verein mit Sportangeboten am Nachmittag als Systemzulieferer;
- Arbeitsmaterialien, Trainingskonzept und Sportplatz als Komponentenzulieferungen, um das Sportangebot realisieren zu können;

- externe Fachberatung zur Bewegungserziehung, um Kinder auf unterschiedlichem Entwicklungsstand sportlich angemessen fördern zu können;
- externe Sozial- und Elternberatung für die Kooperation von Grundschule und Förderzentrum;
- mobiler Förderdienst als Systemzulieferer zur Unterrichtung von Schülerinnen und Schülern mit sonderpädagogischem Förderbedarf.

Der komplexe Prozess, der vom Zusammenwirken der beteiligten Akteure erzeugt wird, führt zu einer verbesserten Wertschöpfung der Persönlichkeitsentwicklung. Die sich ergebende Wertkette gliedert alle bisher isolierten Einzelaktivitäten in einen Zusammenhang, der in der schlüssigen Verbindung voneinander abhängiger Teilprozesse effizienter, qualitätsfokussiert und wirksamer organisiert werden kann. So können Benachteiligungen und Handicaps von Kindern als Effekt der Netzwerkorganisation kompensiert werden.

Die wichtigsten Aspekte:
1) Während es sich bei den lebensweltlichen Netzwerken um persönliche Netzwerke handelt, die im Alltag zwischen den Menschen geknüpft werden, repräsentieren organisierte Netzwerke vorrangig interinstitutionelle Kooperationen, die von professionellen Verbindungen getragen werden.
2) Die Verbindung erfolgt in beiden Fällen durch Personen und spezifische Situationen, in denen sie aufeinandertreffen und interagieren.
3) Die natürlich gewachsenen Beziehungen ermöglichen Zugänge zu sozialen Ressourcen im persönlichen Umfeld. Sozialwirtschaftlich betrachtet repräsentieren die lebensweltlichen Netzwerke das zivilgesellschaftliche Sozialkapital im Sozialraum und in der Gemeinde.
4) Die organisierten Netzwerke eröffnen Zugänge zu professionellen Ressourcen; sozialwirtschaftlich wird professionelles Sozialkapital im interinstitutionellen Raum der Träger, der Organisationen, der Dienste und der Einrichtungen genutzt.
5) Im Profit-Bereich handelt es sich bei den organisierten Netzwerken um Kooperationen in Produktions- und Zuliefernetzen (Marktnetzwerke).
6) Im Non-Profit-Bereich kooperieren öffentliche, sozialwirtschaftliche und zivilgesellschaftliche Akteure (Governance-Netzwerke).
7) Die organisierten Netzwerke erhalten den Stellenwert einer sozialen Infrastruktur, die als stabiles Kollektivgut permanent verfügbar ist.
8) Ein Alleinstellungsmerkmal der Sozialwirtschaft und der sozialen Arbeit besteht darin, dass die in den natürlichen Netzen gebündelten sozialen Ressourcen an der Koproduktion fachlich-professioneller Dienstleistungen beteiligt sind. Die organisierten Netzwerke koordinieren folglich nicht nur professio-

nelle Aktivitäten, sondern müssen auch anschlussfähig an die lebensweltlichen Netzwerke vor Ort sein.

9) Lebensweltliche Netzwerke stehen im Fokus der Gemeinwesenarbeit, indem Beziehungen in der Nachbarschaft ermöglicht und zu einem Lebenszusammenhang integriert werden.

10) Die Gemeinwesenarbeit versteht sich dabei auch als intermediärer Vermittler, der das strukturelle Loch zwischen den Lebenswelten der Individuen und den Institutionen überbrückt.

11) Der lebensweltbezogene Netzwerkbegriff stellt keine abstrakte Analysekategorie dar, sondern wird in der Gemeinwesenarbeit mit Merkmalen der Lebenssituation verbunden (klassenspezifische Netzwerke, geschlechtsspezifische Netzwerke, Kindernetzwerke u. ä.). Die besondere Situation der Einbettung, des Narrativs der kommunikativen Darstellung und die gemeinsame Kultur prägen den lebensweltlichen Beziehungskontext.

12) Bei der Kooperation im organisierten Netzwerkverbund spielen Autonomie und Interdependenz zusammen, weil die einzelnen Akteure weder unabhängig (Marktlogik) noch einseitig abhängig (bürokratische Hierarchielogik) voneinander sind.

13) Die fortdauernde Konkurrenz zwischen den beteiligten Organisationen und die im organisierten Netzwerk vereinbarte Kooperation verschmelzen zur ambivalenten Konfiguration einer „Coopetition" – auf Deutsch: Koopkurrenz.

14) Organisierte Netzwerke werden durch Muster der Kooperation und Koordination in einem fachlichen Zusammenhang oder über mehrere fachliche Bereiche hinweg prinzipiell hierarchisch oder heterarchisch strukturiert – in der Praxis herrscht in Governance-Netzwerken meistens ein Mix der beiden Strukturierungen vor, weil heterarchisch koordinierte Netzwerkprozesse an hierarchische Routinen (z. B. Verwaltungs- und Ratsentscheidungen) anschlussfähig gemacht werden müssen.

Literaturempfehlungen zur Vertiefung

Für die vertiefte Auseinandersetzung mit lebensweltlichen und organisierten Netzwerken folgen hier ein paar Literaturempfehlungen:

Aderhold, J. (2004). *Form und Funktion sozialer Netzwerke in Wirtschaft und Gesellschaft. Beziehungsgeflechte als Vermittler zwischen Erreichbarkeit und Zugänglichkeit.* Wiesbaden: VS Verlag für Sozialwissenschaften.

Bauer, P., & Otto, U. (Hrsg.) (2005). *Mit Netzwerken professionell zusammenarbeiten.* 2 Bde, Tübingen: dgvt-Verlag.

Bullinger, H., & Nowak, J. (1998). *Soziale Netzwerkarbeit.* Freiburg im Breisgau: Lambertus.
Sennett, R. (2012). *Zusammenarbeit. Was unsere Gesellschaft zusammenhält.* Berlin: Berlin Verlag.

Anregungen für praxisbezogene Reflexionen

Wie lässt sich das Netzwerk von Kolleginnen und Kollegen, die sich in der Mittagspause in der Kantine treffen und in der Freizeit gemeinsam Sport treiben, von ihrem Netzwerk unterscheiden, das sie im Rahmen ihrer Arbeitsaufgaben mit anderen Mitarbeitenden im Unternehmen bilden?

Zu welcher Art von Sozialkapital besteht Zugang im Kreis der Kolleginnen und Kollegen, die in Pausen und in der Freizeit zusammenkommen? Zu welcher Art von Sozialkapital besteht Zugang im Kreis der Kolleginnen und Kollegen, die in Arbeitsprozessen miteinander verbunden sind?

Reflektieren Sie an einem Praxisbeispiel aus der Sozialwirtschaft, wie lebensweltliche Netzwerke unter der Wohnbevölkerung eines Stadtquartiers durch Maßnahmen der Gemeinwesenarbeit gestärkt werden können.

Reflektieren Sie an einem weiteren Praxisbeispiel aus der Sozialwirtschaft, wie organisierte Netzwerke zwischen den Diensten und Einrichtungen in einem Stadtquartier den Nutzen der Adressatinnen und Adressaten erhöhen können.

Reflektieren Sie an einem dritten Praxisbeispiel aus der Sozialwirtschaft, wodurch die Anschlussfähigkeit zwischen den organisierten Netzwerken der Dienste und Einrichtungen im Stadtquartier und den Adressatinnen und Adressaten sichergestellt werden kann.

Verknüpfen Sie die drei Reflektionen: Welche Schlüsse lassen sich daraus für das sozialwirtschaftliche Handeln ableiten?

Literatur

Aderhold, J. (2004). *Form und Funktion sozialer Netzwerke in Wirtschaft und Gesellschaft. Beziehungsgeflechte als Vermittler zwischen Erreichbarkeit und Zugänglichkeit.* Wiesbaden: VS Verlag für Sozialwissenschaften.
Bauer, P., & Otto, U. (Hrsg.) (2005). *Mit Netzwerken professionell zusammenarbeiten.* 2 Bde, Tübingen: dgvt-Verlag.
Bullinger, H., & Nowak, J. (1998). *Soziale Netzwerkarbeit.* Freiburg im Breisgau: Lambertus.
Burt, R. S. (1992). *Structural Holes. The Social Structure of Competition.* Cambridge: Harvard University Press.

Coleman, J. S. (1992). *Grundlagen der Sozialtheorie. Bd. 2: Körperschaften und die moderne Gesellschaft*. München: Oldenbourg.
Dahme, H.-J., & Wohlfahrt, N. (Hrsg.) (2000). *Netzwerkökonomie im Wohlfahrtsstaat Wettbewerb und Kooperation im Sozial- und Gesundheitssektor*. Berlin: edition sigma.
Fuhse, J. (2017). Soziale Beziehungsnetze. Realität und Konstruktion. *Soziologie, 46*, (S. 27–31).
Granovetter, M. S. (1985). Economic Action and Social Structure. The Problem of Embeddedness. *American Journal of Sociology, 91*, (S. 481–510).
Kieser, A. (Hrsg.) (2001). *Organisationstheorien*. 4. Aufl., Stuttgart, Berlin, Köln: Kohlhammer.
Kraege, R. (1997). *Controlling strategischer Unternehmenskooperationen. Aufgaben, Instrumente und Gestaltungsempfehlungen*. München, Mering: Rainer Hampp Verlag.
Müller-Jentsch, W. (2003). *Organisationssoziologie*. Frankfurt am Main, New York: Campus.
Mützel, S. (2010). Netzwerkansätze in der Wirtschaftssoziologie. In C. Stegbauer & R. Häußling (Hrsg.), *Handbuch Netzwerkforschung* (S. 601–613). Wiesbaden: VS Verlag für Sozialwissenschaften.
Noack, W. (1999). *Gemeinwesenarbeit*. Freiburg im Breisgau: Lambertus.
Nalebuff, B., & Brandenburger, A. (1995). *Coopetition. Kooperativ konkurrieren. Mit der Spieltheorie zum Unternehmenserfolg*. Frankfurt am Main, New York: Campus.
Pappi, F. U. (Hrsg.) (1987). *Methoden der Netzwerkanalyse*. München, Wien: Oldenbourg.
Preisendörfer, P. (2005). *Organisationssoziologie. Grundlagen, Theorien und Problemstellungen*. Wiesbaden: VS Verlag für Sozialwissenschaften.
Raab, J. (2010). Netzwerke und Netzwerkanalyse in der Organisationsforschung. In C. Stegbauer & R. Häußling (Hrsg.), *Handbuch Netzwerkforschung* (S. 575–586). Wiesbaden: VS Verlag für Sozialwissenschaften.
Rosa, H., Gertenbach, L., Laux, H., & Strecker, D. (2010). *Theorien der Gemeinschaft*. Hamburg: Junius Verlag.
Schneider, V. (2017). Netzwerke in der Politik- und Verwaltungswissenschaft. *Soziologie, 46*, (S. 35–39).
Schubert, H., & Puskeppeleit, M. (2011). Qualitätsentwicklung in Bildungslandschaften. In P. Bleckmann & V. Schmidt (Hrsg.), *Bildungslandschaften. Mehr Chancen für alle* (S. 98–116). Wiesbaden: VS Verlag für Sozialwissenschaften.
Sennett, R. (2012). *Zusammenarbeit. Was unsere Gesellschaft zusammenhält*. Berlin: Berlin Verlag.
Straus, F. (1990). Netzwerkarbeit. Die Netzwerkperspektive in der Praxis. In M. R. Textor (Hrsg.), *Hilfen für Familien. Ein Handbuch für psychosoziale Berufe* (S. 496–520). Frankfurt am Main: Fischer.
Wald, A. (2010). Netzwerkansätze in der Managementforschung. In C. Stegbauer & R. Häußling (Hrsg.), *Handbuch Netzwerkforschung* (S. 627–634). Wiesbaden: VS Verlag für Sozialwissenschaften.

Weyer, J. (Hrsg.) (2000). *Soziale Netzwerke. Konzepte und Methoden der sozialwissenschaftlichen Netzwerkforschung*. München: Oldenbourg.

Williamson, O. E. (1990). *Die ökonomischen Institutionen des Kapitalismus. Unternehmen, Märkte, Kooperationen*. Tübingen: Mohr.

Windeler, A. (2001). *Unternehmungsnetzwerke. Konstitution und Strukturation*. Wiesbaden: Westdeutscher Verlag.

Netzwerke in der Kommune 5

Zusammenfassung

Die organisierten Netzwerke der Sozialwirtschaft sind in der Kommune in weitere Netzwerke – wie zum Beispiel das lokale Politiknetzwerk – eingebettet. Die organisierten Netzwerke, die im Handlungsbereich der Sozialwirtschaft angesiedelt sind, werden über Vernetzungen auf der normativen und strategischen Verantwortungsebene der Kommune unterstützt. Die politischen Gremien in der Kommune tragen die normative Verantwortung für den Orientierungsrahmen und die Fachbereiche der öffentlichen Verwaltung die strategische Verantwortung für die erforderlichen Ressourcen sowie Rahmenbedingungen, damit die organisierten Netzwerke abgesichert sind. Das auf der operativen Ebene erwartete Governance-Netzwerk wird somit sowohl auf der normativen als auch auf der strategischen Ebene gespiegelt, was vernetzungsoffene Führungspersonen auf den Ebenen voraussetzt.

Mit dem Spatial Turn hat der Sozialraum-Begriff an Bedeutung gewonnen. Durch den realen Zusammenhang zwischen den Menschen in den lebensweltlichen Netzwerken von Nachbarschaft, Vereinen, informellen Kreisen, Verbänden und lokalen Infrastrukturen entsteht die soziale Kohäsion im Sozialraum. Die organisierten Netzwerke der Sozialwirtschaft schließen im Sozialraum an die lebensweltlichen an, wenn ein Bedarf besteht, der in den lebensweltlichen Netzwerken nicht gedeckt werden kann. Außerdem können organisierte Netzwerke im Sozialraum strukturelle Löcher schließen, wenn beispielsweise die soziale Infrastruktur der Dienste und Einrichtungen von den Lebenswelten isoliert ist.

> **Lernziel**
>
> In dem Kapitel wird ein Verständnis für den kommunalen Kontext von organisierten Netzwerken der Sozialwirtschaft vermittelt. Die Leserinnen und Leser sollen in der Lage sein, Netzwerke der Sozialwirtschaft einerseits als Teil einer umfassenderen kommunalen Vernetzung und andererseits in ihrer sozialräumlichen Einbettung wahrzunehmen.

5.1 Netzwerke und soziale Kohäsion im Sozialraum

In den 90er Jahren führte der sogenannte *Spatial Turn* dazu, dass der Raumbezug des Sozialen wieder mehr Berücksichtigung fand. Mit dieser Wende im räumlichen Denken wurde auch betont, dass der Raum sozial produziert wird – der Raum ist nicht einfach nur da und nimmt wie ein Behälter das Soziale auf, sondern das Soziale erzeugt kontinuierlich den Raum.

Manuel Castells (2001) hatte mit der Denkfigur des „*Space of Flows*" Mitte der 90er Jahre den Raum als ein Fließen beschrieben, das sich aus den Netzwerkverknüpfungen der Netzwerkgesellschaft ergibt. Die Territorialität stellt dabei eines der elementaren Prinzipien dar, unter denen sich soziale Beziehungen organisieren. Der Raum wird nicht als Grund betrachtet, von dem die Ereignisse oder deren Erzählung ihren Ausgang nehmen; vielmehr wird er selbst als eine Art Text betrachtet, dessen durch soziale Netzwerke produzierte Zeichen oder Spuren zu entziffern sind. Im Laufe der vergangenen Jahrzehnte hat sich deshalb die Erkenntnis verbreitet, dass der Raum aus Skripten und Choreographien des Handelns besteht. Und die Netzwerke, die Raumstrukturen über ihre Verbindungen erzeugen, repräsentieren solche Skripte.

In der Mikroperspektive hat diese Entwicklung zum *Bedeutungsgewinn des Sozialraum-Begriffs* geführt. Es handelt sich um die deutsche Übersetzung des Konzepts „Social Area" der soziologischen Chicago Schule (vgl. Riege und Schubert 2016): In dem Begriff überlagert die Dimension der „*Cultural Area*" die Dimension der „*Natural Area*". Das bedeutet, dass die Natural Area als geografisch (d. h. durch physische oder administrative Grenzen) definierter Stadtraum eine Einheit mit den – auf kulturellen Werten beruhenden – Verhaltensmustern und Praxisformen der sozialen Bewohner- oder Nutzergruppen als Cultural Area bildet.

Der sozialräumliche Blickwinkel kann einerseits auf die Verteilung von Strukturen gerichtet werden (z. B. Proportionen verschiedener Bevölkerungsmerkmale vom Alter über Herkunft und Bildung bis hin zum Einkommen), andererseits aber auch auf Verhaltens- und Beziehungsmuster, die den Raum sozial generieren. Der *Aktionsraum* zum Beispiel resultiert aus der Art und Weise, wie die Menschen tagaus und tagein ihre Angelegenheiten in der Interaktion untereinander beim Aufsuchen von Orten und Infrastrukturen gestalten. Beispielsweise hält sich eine Person an einzelnen Standorten wie Wohnung, Arbeitsstätte, Einkaufsgelegenheit, öffentlicher Raum von Park und Stadtplatz oder Freizeiteinrichtung auf. Zwischen diesen stationären Aktivitäten führt die Person raumzeitliche Bewegungen aus, die die Standorte verbinden. Projiziert man den Raum-Zeit-Pfad auf den geografisch definierten Raum, so ergibt sich ein räumliches Interaktionsmuster von Wegen, Fahrten und Aufenthalten. Diese Gelegenheiten stellen zugleich die Situationen dar, in denen die Netzwerkverbindungen mit anderen Personen gepflegt und aufrechterhalten werden. Unter der Two-Mode-Perspektive bilden die Zielorte ein Netz von Standortknoten im Sozialraum, die zugleich die persönlichen Netzwerkverbindungen ermöglichen und tragen: Das zusammen stellt den sozialen Netzwerkraum dar.

Den Kern des Sozialraums bildet die lebensweltliche Netzwerkperspektive, die mit dem Konzept der *sozialen Kohäsion* korrespondiert. Das Konzept der Kohäsion thematisiert den realen Zusammenhang zwischen den Menschen im sozialräumlichen Kontext. Soziale Kohäsion stellt eine grundlegende soziale Ressource von Nachbarschaften und Wohnquartieren (im Sinn von Sozialraum-Arealen) dar. Der Zusammenhalt wird nicht allein aus interaktiven Kontakten im Alltag abgeleitet, sondern beruht auch auf dem – in den Kontakten als Kultur entstandenen – Wertekonsens, wie das öffentliche Leben des Miteinanders gestaltet werden soll. In der alltäglich gelebten Realisierung dieser Werte wächst aus dem gegenseitigen Vertrauen die Gewissheit von Zugehörigkeit und von Solidarität unter Nachbarn als Netzwerkkultur.

Im OECD-Bericht über den *sozialen Zusammenhalt* (vgl. 2012) wurde hervorgehoben, dass der Zusammenhalt in der Gesellschaft die Grundlage für das Wohlergehen der Gesellschaftsmitglieder bildet, ein Gefühl der Zugehörigkeit schafft, das gegenseitige Vertrauen fördert, der Ausgrenzung sowie Marginalisierung vorbeugt und Chancen der sozialen Mobilität eröffnet. Das zugrundeliegende Verständnis des sozialen Zusammenhalts fokussiert drei Aspekte: die soziale Integration, das Sozialkapital und soziale Mobilität (vgl. Abb. 5-1). Außerdem werden zwei weitere, miteinander verflochtene Merkmale angesprochen: (a) das Fehlen von latenten sozialen Konflikten, die durch soziale Ungleichheiten beim Einkommen und Vermögen, durch Ungleichheiten in der politischen Partizipation und durch ethnische Spannungen erzeugt werden; sowie (b) das Vorhandensein von sozialen Bindungen – ausgelöst von Vertrauen und Normen der Gegenseitigkeit.

Jane Jenson (vgl. 1998, S. 15 ff.) hat den Diskurs ausdifferenziert, indem sie *fünf Dimensionen des sozialen Zusammenhalts* unterscheidet:

1) *Isolation vs. Zugehörigkeit* (Belonging – Isolation), wobei im Blickpunkt steht, Identität durch gemeinsame Werte zu schaffen und die gegenseitige Verpflich-

Abbildung 5-1 Das OECD-Konzept des sozialen Zusammenhalts

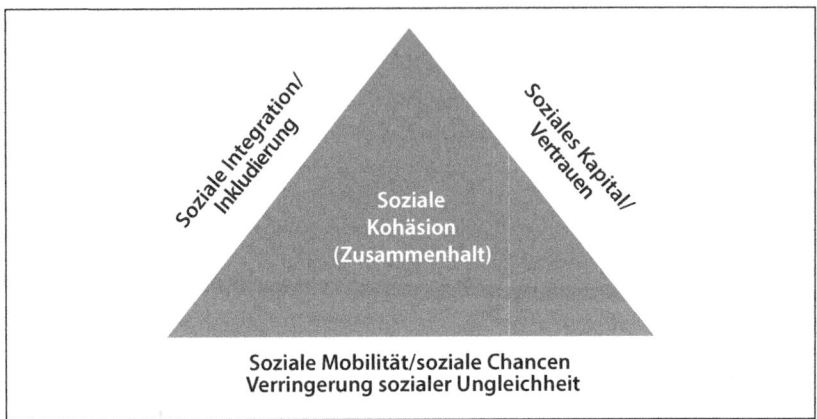

Quelle: OECD (2011), Perspectives on Global Development 2012: Social Cohesion in a Shifting World, OECD Publishing, http://dx.doi.org/10.1787/persp_glob_dev-2012-en (29.06.2017)

tung zu fördern. Die Zugehörigkeit zur Gesellschaft repräsentiert den zentralen Aspekt der sozialen Kohäsion; ihre größte Bedrohung besteht in der sozialen Isolation der Gesellschaftsmitglieder – also einer nur geringen Einbindung in lebensweltliche Netzwerke.

2) *Inklusion vs. Ausschluss* (Inclusion – Exclusion); hierbei geht es um den barrierefreien Zugang zu den gesellschaftlichen Institutionen für alle. Das Spektrum reicht von den meritorischen Gütern bis hin zum Markt. Insbesondere an der Frage des Marktzugangs zeigt sich, wer ausgeschlossen ist.

3) *Teilhabe vs. fehlende Einbindung* (Participation – Non-Involvement); lediglich formale Partizipationsmuster bewirken keine gesellschaftliche Involvierung – insbesondere auf der lokalen Ebene.

4) Die Dimension *Anerkennung vs. Ablehnung* (Recognition – Rejection) betont die Achtung und Tolerierung von Unterschieden in der pluralistischen Gesellschaft. Der soziale Zusammenhalt trägt dazu bei, dass die sozialen Institutionen nicht ausgehöhlt werden, sondern gesellschaftliche Differenzen anerkannt werden.

5) In der Dimension von *Legitimität vs. Illegitimität* (Legitimacy – Illegitimacy) wird die praktische Bedeutung der Rechtfertigung von verbindlichen Normsetzungen thematisiert. Für den sozialen Zusammenhalt ist insbesondere die Legitimität der intermediären Institutionen, die in der Gesellschaft als Vermittler fungieren, von Bedeutung.

Metaphorisch betrachtet geht es beim sozialen Zusammenhalt um den „*Klebstoff*" der Netzwerke von Vereinen, informellen Kreisen, Verbänden und lokalen Infrastrukturen, durch die Menschen zur Stadtgesellschaft und weitergehend zur Gesamtgesellschaft integriert und Unterschiede wie Ungleichheiten, kulturelle Vielfalt sowie räumliche Spaltungen kompensiert werden. Larsen definiert daher als Basis der sozialen Kohäsion einerseits die *Bindungen durch gemeinsame Werte, Identität und Kultur* sowie andererseits das *Vertrauen* unter den Bürgerinnen und Bürgern in einen gemeinsam geteilten moralischen Wertekanon (vgl. Larsen 2013).

Ein Rückgang des sozialen Zusammenhalts wird als „soziale Erosion" bezeichnet: in diesem Fall verringert sich die Erwartung der Menschen des Teilens moralischer Werte – in der Folge verringert sich das Vertrauen untereinander.

Die Netzwerke im sozialräumlichen Kontext spielen eine Schlüsselrolle für die Herausbildung des Vertrauens, der gemeinsamen Werteproduktion und des Zusammenhalts, aus deren Erwartungen an Wechselseitigkeit Sozialkapital entsteht. Aus der Interdependenz werden sowohl Nutzen gezogen als auch gemeinsame Werthaltungen gefestigt als auch die Basis für Vertrauen und koordinierte Aktionen gebildet. Wenn verschiedene Wertesysteme innerhalb der Bewohnerschaft miteinander konkurrieren und im Konflikt stehen, herrscht Misstrauen, ein Fehlen sozialer Kontrolle, und es droht ein Rückzug aus dem öffentlichen Stadtteilleben. Denn in Wohnquartieren mit einer schwachen sozialen Kohäsion vertrauen sich die Nachbarn untereinander nicht, fühlen sich nicht miteinander verbunden und gehen sich quasi aus dem Weg. Die Konzentration wirtschaftlich benachteiligter Bewohnergruppen, eine ausgeprägte kulturelle Heterogenität und die Belastung mit Phänomenen der Unordnung im öffentlichen Raum schwächen die soziale Kohäsion.

Insgesamt umfasst soziale Kohäsion in diesem umfassenderen Verständnis somit drei Aspekte: (i) Die Bewohnerinnen und Bewohner im Quartier vertrauen einander auf der lebensweltlichen Ebene und sind bereit zur Kooperation. (ii) Sie entwickeln eine gemeinsame lokale Identität und ein Gefühl der Zugehörigkeit zum Wohnquartier. (iii) Diese subjektiven Haltungen nehmen im Verhalten der Bewohnerinnen und Bewohner objektiv Gestalt an; so spiegelt es die gemeinsame Wertebasis und das Engagement für die Nachbarschaft wider. Die soziale Kohäsion resultiert somit aus der sozialen Einbettung der Menschen im Sozialraum des Wohnquartiers und in den lebensweltlichen Beziehungsnetzen.

Die organisierten Netzwerke der Sozialwirtschaft schließen im Sozialraum an die lebensweltlichen an. Die Relation hat Wolf Rainer Wendt in seiner *Sozialwirtschaftslehre* skizziert (vgl. Wendt 2013, S. 11–34). Die Leistungen der Sozialwirtschaft dienen der unmittelbaren Wohlfahrt von Menschen. Sozialwirtschaftliche Akteure sind nach diesem Verständnis die öffentlich-rechtlichen Sozialleistungsträger, gemeinnützige Wohlfahrtsorganisationen, privat-gewerbliche Anbieter von

Sozial- und Betreuungsdienstleistungen, Vereinigungen von Menschen zu gemeinschaftlicher Selbsthilfe, freiwillig und in bürgerschaftlichem Engagement Mitwirkende und im Zusammenhang einer Versorgung unmittelbar Betroffene, die in eigener und gegenseitiger Sorge mitwirken. Wendt definiert die individuelle Wohlfahrt als ein Produkt, das im Zusammenspiel von drei Ebenen entsteht: auf der Makroebene des sozialstaatlichen Wohlfahrtsregimes durch die rechtliche Regulierung, auf der Mesoebene durch den Betrieb von Organisationen und (selbständigen) Unternehmungen und auf der lebensweltlichen Mikroebene durch die Sorge in und zwischen Personenhaushalten.

Im überwiegenden Maße wird die individuelle Wohlfahrt in der privaten Sorge im häuslichen Bereich und in den lebensweltlichen Netzwerken hergestellt. Die zu sozialen Zwecken betriebene Sozialwirtschaft schließt im Bedarfsfall an diesen informellen Leistungsbereich der Privathaushalte und an ihre Netzwerke an: Denn die sozialwirtschaftlich organisierte Hilfe erfolgt erst dann, wenn auf der Mikroebene ein Bedarf festgestellt wird, der in der informellen Sorge des Personenhaushalts nicht gedeckt werden kann. Die formelle humandienstliche Versorgung darf in diesen Fällen nicht isoliert erfolgen, sondern muss die lebensweltliche Einbettung und den Einbezug von Ressourcen im (lokalen) Umfeld als Grundlage jeder Hilfestrategie berücksichtigen. In den Fällen, in denen Menschen eine Bedarfssituation nicht selbständig lösen können, sind Methoden anzuwenden, mit denen die Hilfe und Begleitung einerseits individuell zugeschnitten und andererseits die Schnittstelle zwischen dem professionellen Dienstleistungssystem sowie der Lebenswelt der Adressatin bzw. des Adressaten – mit der sozialräumlichen Einbettung in ein informelles Ressourcennetz – angemessen gestaltet werden können (vgl. Wendt 2013, S. 27).

Daher setzt das Handlungskonzept der Sozialraumorientierung an den Lebenswelten der Bewohnerinnen und Bewohner in einem Gebiet an, das als Sozialraum definiert wurde. Die Suche nach den Ressourcen des Sozialraums, ihre Verknüpfung und Erschließung sind Kernelemente des Konzepts. Das Spektrum reicht beispielsweise von den persönlichen lebensweltlichen Beziehungsnetzen über die organisierten Netze der sozialen Einrichtungen und Dienste, der Wohnungswirtschaft und der Bildungseinrichtungen bis hin zu Pfarrgemeinden und zivilgesellschaftlichen Initiativen.

Die Sozialraumorientierung umfasst im Allgemeinen folgende Komponenten: (a) die Orientierung an den Lebenswelten und am Willen der Adressatinnen und Adressaten; (b) der Anschluss an die Ressourcen in deren persönlichem und lokalem Umfeld; (c) die Stabilisierung des lokalen Umfeldes durch governancebasierte Ansätze; und (d) die Anpassung der kommunalen Verwaltung an sozialräumlich notwendige Organisationsstrukturen (vgl. Früchtel et al. 2007, S. 22 f.). Im Mittelpunkt steht dabei das Ziel, sowohl die Lebenswelten von Adressatinnen und

Adressaten als auch die Arrangements unterstützender Strukturen im Sozialraum bedarfsgerecht miteinander zu verknüpfen (vgl. Noack 2017).

Allerdings wird im Sozialraum häufig eine Fragmentierung und Unverbundenheit der Akteure konstatiert. Das legt die These einer *„Entkopplung von System und Lebenswelt"* nahe (vgl. Habermas 1981, S. 226 ff.). Die Entkopplung besteht darin, dass die Sozialintegration der lebensweltlichen Netzwerke nicht mit der Systemintegration des Institutionensystems korrespondiert. Die systemischen Elemente der Infrastruktur und Dienste haben sich teilweise von den Lebenswelten abgelöst. Der Beziehungsraum zwischen der Mikroebene und der Mesoebene der Sozialwirtschaft bleibt quasi leer, weil die lebensweltlichen Netzwerke und funktionalen Cluster formaler Infrastruktur relativ schwach verbunden oder sogar unverbunden sind. Erschwerend kommt im Allgemeinen dazu, dass zugleich die verschiedenen Ressorts des kommunalen Handlungssystems in Folge ihrer Versäulung voneinander entkoppelt sind. Der Gegensatz der funktional ausdifferenzierten, aber untereinander und von den sozialen Alltagsstrukturen gelösten Infrastrukturen der Daseinsvorsorge auf der einen Seite und den lebensweltlichen Interaktionskreisen des Alltags auf der anderen Seite lässt sich nur durch geeignete Netzwerkstrategien im Sozialraum überbrücken. Unter dieser Perspektive können organisierte Netzwerke im Sozialraum das strukturelle Loch zwischen diesen unverbundenen Beziehungskreisen schließen und neue Berührungspunkte erzeugen.

Organisierte Netzwerke repräsentieren die Tendenz zu einer flexiblen Integration von mehreren Handlungssträngen in Sozialräumen der Kommune. Dabei bildet die „Software" im Sinne der Integration unterschiedlicher fachlicher Perspektiven auf die Problemdefinition und der ressortübergreifenden Aktivierung der Akteure den Schwerpunkt – die „Hardware" im Sinne von Gebäuden, von Raumprogrammen sowie materieller und immaterieller Ausstattung wird zu Elementen des Netzwerks (im Verständnis der Akteur-Netzwerk-Theorie). Statt neue Einzelinfrastrukturen zu planen, wird unter der Kategorie des Sozialraums ein Netzwerk organisiert und betrieben, in dem die verschiedenen Akteure aus Verwaltung, Bildungswesen, Gesundheitswesen, sozialer Arbeit und Kultur raum- und problemkontextbezogen kooperieren. Im Mittelpunkt steht das Netz der sozialen Dienstleistungsinfrastruktur im Sozialraum und dessen verknüpfte Produktkette. Um die Aktivitäten der Sozialwirtschaft im Sozialraum vernetzt gestalten zu können, sind eine geeignete Aufbauorganisation von Agenturen und Gremien zu implementieren, die der Koordination und Abstimmung dienen. Die Netzwerke der interinstitutionellen Kooperation wurden unter dem Effizienz-Gesichtspunkt des Public Management vorrangig zur Kosteneinsparung implementiert. Unter dem Blickwinkel der Public Governance erhält die wirkungsorientierte Ausrichtung der Vernetzung stärkere Beachtung.

5.2 Netzwerkebenen in der Gebietskörperschaft

Das Zusammenwirken von öffentlichen, (sozial-)wirtschaftlichen und zivilgesellschaftlichen Akteuren findet in der Kommune erfahrungsgemäß in verschiedenen Netzwerkkontexten mit jeweils eigener Netzwerkkultur statt. Als bedeutungsvoll können besonders *vier Netzwerkebenen* herausgestellt werden, zwischen denen ein strukturelles Loch aber auch konstruktive Verbindungen bestehen können (nach Müller-Jentsch 2003, S. 125 ff.):

(Lokales) Politiknetzwerk: Dieses Netz repräsentiert die Politikverflechtung zwischen staatlichen Instanzen, öffentlichen Einrichtungen und privaten Interessengruppen (Policy-Netzwerk), getragen von machtstarken Personen und Clustern in der Gebietskörperschaft. Die Beziehungszusammenhänge sind im Allgemeinen thematisch auf Politiksektoren fokussiert (z. B. Jugendhilfe, Soziales, Kultur, Stadtentwicklung etc.), zwischen denen schwache (personengebundene) Brückenverbindungen auf der Ebene der politischen Parteien bestehen. Diese Netzwerke beruhen oft auf einer langfristig angelegten gegenseitigen Verhaltenskontrolle, wobei eine zentrale Hierarchie fehlt und stattdessen eine polyzentrische Struktur – z. B. über die Parteien hinweg – besteht. Nach dem Steuerungsmodus der Selbstorganisation wird das Verhalten der beteiligten Akteure bzw. Organisationen wechselseitig durch kommunikative Abstimmungsprozesse stabilisiert.

Strategische Allianz von Dienstleistern: Hierbei handelt es sich um eine strategische Partnerschaft mit längerfristigen Beziehungen zwischen zwei oder mehreren Organisationen, die ihre Kompetenzen bündeln, um strategische Vorteile zu erzielen. In der Sozialwirtschaft kooperieren Organisationen in unterschiedlicher Trägerschaft und bilden – oft gering formalisierte – Koalitionen zwischen zwei oder mehreren aktuellen oder potenziellen Wettbewerbern. Die Verbände der Freien Wohlfahrtspflege haben sich in Deutschland beispielsweise auf den verschiedenen föderalen Ebenen zu einer LIGA zusammengeschlossen. Die Arbeiterwohlfahrt (AWO), der Deutsche Caritasverband (DCV), der Paritätische, das Deutsche Rote Kreuz (DRK), die Diakonie und die Zentralwohlfahrtsstelle der Juden (ZWST) setzen diese Vernetzung häufig auch auf regionaler und lokaler Ebene fort. Durch die Verbindung werden individuelle Stärken und Schwächen kompensiert, um sich (auf dem lokalen Sozialmarkt) gemeinsam Wettbewerbsvorteile gegenüber privatgewerblichen Trägern zu verschaffen.

Kontraktnetzwerk einer Wertschöpfungspartnerschaft: Im Feld der kommunalen Daseinsvorsorge werden solche Netzwerke meistens in vertikaler oder diagonaler Form als Zusammenarbeit zwischen dem kommunalen Auftraggeber auf der strategischen Ebene (Amt/Fachbereich) und sozialwirtschaftlichen Unternehmen bzw. Trägern der sozialen Arbeit vereinbart. Die Auftragnehmer erbringen auf der operativen Ebene – quasi als Zulieferer – die vertraglich vereinbarten Dienstleistungen konzertiert in einer abgestimmten Kette. Teilweise wird der Einbettungskontext von besonderen Agenturen – sozialräumlich z. B. vom ASD – moderiert, um stabile Vertrauensbeziehungen herzustellen, die eine interinstitutionell abgestimmte Kooperation unter Konkurrenten ermöglichen.

Projektnetzwerk: Im Mittelpunkt eines Projektnetzwerkes steht die zeitlich befristete Realisierung eines komplexen Vorhabens. Es basiert auf den Beziehungen der Personen, die die beteiligten Organisationen für die Abwicklung einer konkreten Aufgabe zu einem interorganisatorischen Projektteam zusammenstellen, um Ressourcen wechselseitig zu kombinieren. Wenn die Akteure bereits über eine langjährige Kooperation vertraut sind, wird im Allgemeinen auf eine hierarchische Steuerung verzichtet. Die hierarchische Form wird gewählt, wenn ein fokaler Koordinator über harte Medien wie Verträge das angestrebte Ergebnis effektiv und effizient mit Methoden des Projektmanagements steuern will.

In den Handlungsfeldern der Sozialwirtschaft weist die Netzwerkkooperation auf diesen verschiedenen Verflechtungsebenen ein jeweils spezifisches Profil auf: So finden die bestehenden Vorvernetzungen – zum Beispiel der Jugendhilfe oder des Sozialbereichs – im Politiknetzwerk statt. Die Festlegungen von Leitzielen werden in einem Verhandlungs- und Entscheidungsprozess im (vor-)normativen Handlungsraum getroffen, der in Folge einer spezifischen Kombination von Situationen, Narrativen und Netzwerkrollen entsprechende Regeln der Aushandlung generiert. Das Netzwerk beruht auf lose gekoppelten, persönlichen Beziehungen, insbesondere auf dem informellen Vertrauen zwischen den machtstarken lokalen Schlüsselpersonen.

Ganz anders funktioniert die Koordination und Steuerung von Dienstleistungen und Produkten im Feld der Jugendhilfe oder des Sozialbereichs durch die darunterliegende strategische Managementebene der Kommunalverwaltung. Im Rahmen von verbindlichen Vereinbarungen werden (Kontrakt-)Netzwerke zur Umsetzung von Entwicklungs- und Handlungszielen der sozialen Arbeit in Sozialräumen oder in fachlichen Bereichen konstruiert.

Die Netzwerkkooperation muss dabei einen nahezu *paradoxen Spagat zwischen Markt und Hierarchie* leisten: Denn einerseits sind die Akteure bzw. die koordinierende Agentur eng an die Vorgaben der hierarchisch organisierten öffentlichen Verwaltung gebunden. Andererseits unterliegen sie einem Zwang, in der Rolle von teilautonomen Akteuren ein entsprechendes intraorganisatorisches Sozialmanagement durchzuführen, obwohl die Handlungsbereiche – wie z. B. die

Jugendhilfe und der Sozialbereich – kaum nach Regeln eines Marktes funktionieren, sondern der normativen Orientierung des Politiknetzwerks folgen. Zu diesem Wechselspiel von Kooperation und Wettbewerb kommt noch hinzu, dass die Organisationen bei der Konfiguration als Netzwerk und bei der koordinierten Erbringung der Dienstleistungen den Anforderungen der Governance entsprechen und anschlussfähig an die zivilgesellschaftlichen Netzwerke vor Ort bleiben müssen.

5.3 Absicherung organisierter Netzwerke im operativen Feld der Sozialwirtschaft über die normative und strategische Verantwortungsebene

Organisierte Netzwerke zielen in der Sozialwirtschaft im Allgemeinen auf die operative Ebene, das heißt: auf den Nutzen der Adressatinnen und Adressaten von sozialen Dienstleistungen. Für den Erfolg ist es notwendig, dass auch die Ebenen darüber, die eine strategische und normative Verantwortung für die Netzwerkkooperation, komplementär mitwirken. Die *Verantwortung* verläuft quasi kaskadenförmig über die *drei Ebenen* (vgl. Abb. 5-2):

1) Die politischen Gremien in der Kommune übernehmen die *normative Verantwortung*. Dazu müssen die Leitziele konkretisiert, die generellen Zielrichtungen programmatisch festgelegt und die Dienstleistungsstrukturen in einem Orientierungsrahmen abgesichert werden. Die ressortübergreifende Zusammenarbeit und der Einbezug zivilgesellschaftlicher Kräfte nach dem Governance-Ansatz müssen auf dieser Ebene gleichsam vorgelebt werden.

2) Die *strategische Verantwortung* liegt bei den Fachbereichen der öffentlichen Verwaltung. Mit den beteiligten Akteuren müssen die Ziele für die Felder Ressourcen (Input), Produkte (Output), Wirkungen (Outcome) und zivilgesellschaftliche Ergebnisse (Impact) vereinbart werden. Es wird auch Verantwortung für die Strukturqualität übernommen, indem Informationen bereitgestellt werden und die Rückmeldung und Evaluation der Ergebnisse erfolgt. Auch auf dieser Ebene sind kreuzfunktionale Verbindungen zwischen den Ressorts und Fachbereichen herzustellen. Das auf der operativen Ebene erwartete Governance-Netzwerk muss auf der strategischen Ebene quasi gespiegelt werden, um mit der gewünschten Schließung des strukturellen Lochs in der öffentlichen Verwaltung zu beginnen.

3) Vor Ort, d.h. meistens dezentral in den Sozialräumen und in den Einrichtungen der sozialen Daseinsvorsorge, wird die *operative Verantwortung an den Schnittstellen zu den Adressatinnen und Adressaten* getragen. Hier sind die (räumliche) Querkoordination der handelnden Akteure verschiedener Res-

Abbildung 5-2 Komplementäres Zusammenwirken der Steuerungsebenen

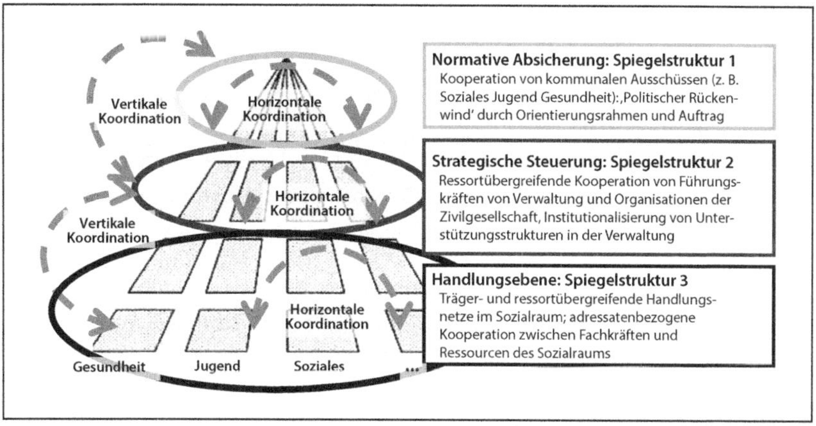

Normative Absicherung: Spiegelstruktur 1
Kooperation von kommunalen Ausschüssen (z. B. Soziales Jugend Gesundheit):, Politischer Rückenwind' durch Orientierungsrahmen und Auftrag

Strategische Steuerung: Spiegelstruktur 2
Ressortübergreifende Kooperation von Führungskräften von Verwaltung und Organisationen der Zivilgesellschaft, Institutionalisierung von Unterstützungsstrukturen in der Verwaltung

Handlungsebene: Spiegelstruktur 3
Träger- und ressortübergreifende Handlungsnetze im Sozialraum; adressatenbezogene Kooperation zwischen Fachkräften und Ressourcen des Sozialraums

Eigene Darstellung

sorts, der Aufbau zielorientierter kleiner Handlungs- oder Projektnetze sowie die Produkt- und Ergebnisverantwortung anzusiedeln.

Qualifizierte Führungspersonen und Koordinationskräfte, die die Vernetzung und Kooperation über die drei Ebenen abzusichern vermögen, sind eine Grundvoraussetzung für den nachhaltigen Erfolg. Die Koordinationsleistungen setzen sowohl vertikal als auch horizontal an: Horizontal gilt es, zwischen den verschiedenen Fachressorts zu vermitteln und vertikal zwischen den drei Ebenen. Letzteres ist beispielsweise eine Aufgabe der Sozialplanung (vgl. Schubert 2017b).

Die Netzwerke dürfen sich nicht auf die operative Ebene der Praxis beschränken, weil dadurch neue, störende Fragmentierungen erzeugt werden. Stattdessen ist es notwendig, dass sich ein Netzwerk über alle kommunalen Verantwortungsebenen erstreckt: es muss über alle Hierarchieebenen kommunaler Verantwortung hinweg reichen – sich quasi „spiegeln". So muss der Zugang zu den Ebenen der Kommunalpolitik und der Entscheiderinnen und Entscheider der Verwaltung gesichert sein. Anderenfalls drohen lokale Netzwerke auf den Zustand operativer Inseln zurück zu fallen. Auch die Verbindung mit den leitenden Personen von Organisationen, Institutionen und Verbänden ist notwendig, damit die Führungskräfte in die Netzwerke vor Ort eingebunden sind und Mitverantwortung tragen. Die Entscheidungs- und Führungskräfte stellen die Rahmenbedingungen eines organisierten Netzwerkes sicher, sei es über vorbereitende Fachplanungen oder sei es über die Formulierung von Richtlinien für die Kooperation, über die Erteilung des Auftrags sowie die Bereitstellung von Ressourcen. Dazu sollen in der Verwaltung ergänzende Unterstützungsstrukturen eingerichtet werden, die Planungsinformationen, Finanz- und Sachmittel sowie spezielles Know-how ressort-, professions- und organisationsübergreifend bereitstellen.

Wichtige Aspekte
1) Typische Netzwerkkontexte mit jeweils eigener Netzwerkkultur sind in der Kommune das lokale Politiknetzwerk, strategische Allianzen von Dienstleistungsorganisationen, das von der Kommune initiierte Kontraktnetzwerk und temporäre Projektnetzwerke.
2) Das lokale Politiknetzwerk repräsentiert die polyzentrische Politikverflechtung zwischen staatlichen Instanzen, öffentlichen Einrichtungen und privaten Interessengruppen und gliedert sich thematisch nach Politiksektoren, zwischen denen schwache (personengebundene) Brückenverbindungen auf der Ebene der Parteien bestehen.
3) In einer strategischen Allianz von Dienstleistern bündeln zwei oder mehrere Organisationen ihre Kompetenzen, um strategische Vorteile zu erzielen. Die „LIGA der Freien Wohlfahrtspflege" ist ein Beispiel, wie (auf dem lokalen Sozialmarkt) gemeinsam Wettbewerbsvorteile gegenüber privatgewerblichen Trägern geschaffen werden können.
4) Im Feld der kommunalen Daseinsvorsorge werden Kontraktnetzwerke einer Wertschöpfungspartnerschaft zwischen dem kommunalen Auftraggeber auf der strategischen Ebene und sozialwirtschaftlichen Unternehmen bzw. Trägern der sozialen Arbeit vereinbart. Die Auftragnehmer erbringen auf der operativen Ebene die vertraglich vereinbarten Dienstleistungen konzertiert in einer abgestimmten Kette als Gesamtprodukt.
5) Im Mittelpunkt eines Projektnetzwerkes steht die zeitlich befristete Realisierung eines komplexen Vorhabens durch ein interorganisatorisches Team und wechselseitig eingebrachte Ressourcen.
6) Die Absicherung organisierter Netzwerke auf der operativen Ebene der Sozialwirtschaft erfolgt über die normative und strategische Verantwortungsebene.
7) Die politischen Gremien in der Kommune tragen die normative Verantwortung der Konkretisierung von Leitzielen und der programmatischen Festlegung der generellen Zielrichtungen in einem Orientierungsrahmen. Die ressortübergreifende Zusammenarbeit und der Einbezug zivilgesellschaftlicher Kräfte nach dem Governance-Ansatz werden auf dieser Ebene quasi vorgelebt.
8) Die strategische Verantwortung für die Ressourcen und Rahmenbedingungen liegt bei den Fachbereichen der öffentlichen Verwaltung. Das auf der operativen Ebene erwartete Governance-Netzwerk muss auch auf der strategischen Ebene gespiegelt werden, um die hemmenden Löcher in der öffentlichen Ver-

waltung zu schließen. Erforderlich sind qualifizierte Führungspersonen und Koordinationskräfte, die operativ organisierte Netzwerke über die drei Ebenen abzusichern vermögen.

9) Dezentral in den Sozialräumen und in den Einrichtungen der Daseinsvorsorge wird die operative Verantwortung an den Schnittstellen zu den Adressatinnen und Adressaten getragen. Hier findet die Querkoordination der handelnden Akteure verschiedener Ressorts, der Aufbau der Handlungs- oder Projektnetze sowie die Produkt- und Ergebnisverantwortung statt.

10) Mit dem Spatial Turn veränderte sich der Raumbezug des Sozialen: es wird betont, dass der Raum sozial produziert wird. Der Raum wird dabei nicht als Behälter verstanden, in dem die Ereignisse stattfinden, sondern er wird selbst als ein Text mit sozial produzierten Zeichen aufgefasst. Solche Skripte sind die Netzwerke, die Raumstrukturen über ihre Verbindungen erzeugen.

11) Im veränderten Sozialraum-Begriff bildet der geografisch definierte Stadtraum eine Einheit mit den Verhaltensmustern und Praxisformen der sozialen Bewohner- oder Nutzergruppen in diesem Gebiet. Die Verhaltens- und Beziehungsmuster generieren den sozialen Raum.

12) Die raumzeitlichen Bewegungen und Interaktionsmuster zwischen Orten wie Wohnung, Arbeitsstätte, Einkaufsgelegenheit, Park oder Freizeiteinrichtung stellen zugleich die Situationen dar, in denen die Netzwerkverbindungen mit anderen Personen gepflegt und aufrechterhalten werden. Die Zielorte bilden ein Netz von Standortknoten im Sozialraum, über die persönliche Netzwerkverbindungen ermöglicht werden, was zusammen den sozialen Netzwerkraum darstellt.

13) Durch den realen Zusammenhang zwischen den Menschen entsteht die soziale Kohäsion im Sozialraum, die Integration und Zugehörigkeit schafft, das gegenseitige Vertrauen fördert und Ausgrenzung vorbeugt.

14) Aus den lebensweltlichen Netzwerken von Nachbarschaft, Vereinen, informellen Kreisen, Verbänden und lokalen Infrastrukturen resultiert der soziale Zusammenhalt – metaphorisch fungieren die lebensweltlichen Netzwerke als sozialer Klebstoff. Im sozialräumlichen Kontext spielen sie eine Schlüsselrolle für die Herausbildung des Vertrauens, der gemeinsamen Werte und des Sozialkapitals.

15) Die organisierten Netzwerke der Sozialwirtschaft schließen im Sozialraum an die lebensweltlichen an. Die individuelle Wohlfahrt wird in der privaten Sorge im häuslichen Bereich und in den lebensweltlichen Netzwerken hergestellt. Die Sozialwirtschaft schließt an diesen informellen Leistungsbereich der Privathaushalte und an ihre Netzwerke an, wenn auf der Mikroebene ein Bedarf festgestellt wird, der in der informellen Sorge des Personenhaushalts nicht gedeckt werden kann.

16) Das Handlungskonzept der Sozialraumorientierung setzt an den Lebenswelten der Bewohnerinnen und Bewohner an. Die Ressourcen des Sozialraums sollen dabei für Wohlfahrtsleistungen erschlossen werden. Im Mittelpunkt steht dabei das Ziel, sowohl die Lebenswelten von Adressatinnen und Adressaten als auch die Arrangements unterstützender Strukturen im Sozialraum bedarfsgerecht miteinander zu verknüpfen.
17) Auf Grund einer Entkopplung von System und Lebenswelt kann im Sozialraum häufig eine Fragmentierung und Unverbundenheit der Akteure konstatiert werden. Die systemischen Elemente der Infrastruktur und Dienste haben sich teilweise von den Lebenswelten abgelöst. Der Gegensatz von funktional ausdifferenzierten, aber von den sozialen Alltagsstrukturen losgelösten Infrastrukturen der Daseinsvorsorge und den lebensweltlichen Interaktionskreisen des Alltags lässt sich durch geeignete Netzwerkstrategien überbrücken. Unter dieser Perspektive können organisierte Netzwerke im Sozialraum Berührungspunkte zwischen diesen unverbundenen Beziehungskreisen schaffen.

Literaturempfehlungen zur Vertiefung

Für die vertiefte Auseinandersetzung mit der Einbettung von organisierten Netzwerken in der Kommune und mit ihrem Raumbezug folgen hier ein paar Literaturempfehlungen:

Früchtel, F., Cyprian, G., & Budde, W. (2007). *Sozialer Raum und Soziale Arbeit. Fieldbook: Methoden und Techniken.* Wiesbaden: VS Verlag für Sozialwissenschaften.
Müller-Jentsch, W. (2003). *Organisationssoziologie.* Frankfurt am Main, New York: Campus.
Schubert, H. (2008a). Netzwerkkooperation. Organisation und Koordination von professionellen Vernetzungen. In H. Schubert (Hrsg.), *Netzwerkmanagement. Koordination von professionellen Vernetzungen. Grundlagen und Praxisbeispiele* (S. 7–105). Wiesbaden: VS Verlag für Sozialwissenschaften.

Anregungen für praxisbezogene Reflexionen

Welche Schlussfolgerungen ziehen Sie für die Sozialwirtschaft aus der These, dass die Strukturen von Sozialräumen aus den Netzwerkverbindungen resultieren?
Reflektieren Sie, warum die Sozialwirtschaft an die lebensweltlichen Netzwerke nur anschließt, wenn auf dieser Mikroebene ein Bedarf festgestellt wird?

Recherchieren Sie in Ihrer Stadt oder Ihrer Region, welche Akteure und Institutionen die normative und strategische Verantwortungsebene kennzeichnen?

Rekonstruieren Sie den Verlauf der Entscheidungen von der normativen über die strategische Verantwortungsebene bis zur operativen Handlungsebene am Beispiel von Maßnahmen in Ihrer Kommune.

Literatur

Castells, M. (2001). *Die Netzwerkgesellschaft. Das Informationszeitalter I*. Opladen: Leske + Budrich.
Früchtel, F., Cyprian, G., & Budde, W. (2007). *Sozialer Raum und Soziale Arbeit. Fieldbook: Methoden und Techniken*. Wiesbaden: VS Verlag für Sozialwissenschaften.
Habermas, J. (1981). *Theorie des kommunikativen Handelns. Zur Kritik der funktionalistischen Vernunft*. Band 2, Frankfurt am Main: Suhrkamp.
Jenson, J. (1998). *Mapping Social Cohesion. The State of Canadian Research*, CPRN Study F03, Ottawa: Canadian Policy Research Networks.
Müller-Jentsch, W. (2003). *Organisationssoziologie*. Frankfurt am Main, New York: Campus.
Noack, M. (2017). Inseln und Territorien. Interterritoriale Hilfen als Brücken zwischen individuellen Lebensräumen und administrativen Planungsräumen. In M. Noack (Hrsg.), *Empirie der Sozialraumorientierung* (S. 201–291). Weinheim, Basel: Beltz Juventa.
OECD (2011). Perspectives on Global Development 2012. Social Cohesion in a Shifting World, OECD Publishing. http://www.oecd-ilibrary.org/development/perspectives-on-global-development-20&2_persp_glob_dev-2012-en. (Zugegriffen: 09.07.2016).
Riege, M., & Schubert, H. (2016). Zur Analyse sozialer Räume. Ein interdisziplinärer Integrationsversuch. In M. Riege & H. Schubert (Hrsg.), *Sozialraumanalyse. Grundlagen, Methoden, Praxis* (S. 1–63). 5. Aufl., Köln: SRM-Verlag.
Schubert, H. (2008a). Netzwerkkooperation. Organisation und Koordination von professionellen Vernetzungen. In H. Schubert (Hrsg.), *Netzwerkmanagement. Koordination von professionellen Vernetzungen. Grundlagen und Praxisbeispiele* (S. 7–105). Wiesbaden: VS Verlag für Sozialwissenschaften.
Schubert, H. (2017b). Modernisierung der Sozialplanung. Entwicklung von Ansätzen, Methoden und Instrumenten. *Archiv für Wissenschaft und Praxis der sozialen Arbeit*, 1/2017, (S. 4–19).
Wendt, W. R. (2013). Sozialwirtschaft. In A. Wöhrle, R. Beck, K. Grunwald, K. Schellberg, G. Schwarz & W. R. Wendt (Hrsg.), *Grundlagen des Managements in der Sozialwirtschaft* (S. 11–34). Baden Baden: Nomos.

Instrumente der Analyse von Netzwerken 6

> **Zusammenfassung**
>
> Es werden instrumentelle Perspektiven der Netzwerkanalyse skizziert, die geeignet sind, Informationen zu erzeugen, die für die Netzwerkorientierung bedeutsam sind. Um Positionen und Beziehungsmuster in Netzwerken erkennen zu können, kommen Methoden der Netzwerkanalyse zur Anwendung. In dem folgenden Kapitel werden die Analyse eines Gesamtnetzwerkes, die ego-zentrierte Netzwerkanalyse, die Two-Mode-Netzwerkanalyse und qualitative Formen der Annäherung vorgestellt.

> **Lernziel**
>
> In dem Kapitel wird ein Überblick gegeben, welche methodischen Ansätze es gibt, Netzwerke zu erkunden. Die Leserinnen und Leser sollen erkennen, welcher methodische Zugriff geeignet ist, um grundlegende Informationen über organisierte Netzwerke der Sozialwirtschaft zu sammeln. Es soll auch das Verständnis geweckt werden, dass die Instrumente an den Erhebungszweck angepasst werden können.

In der Organisationsforschung besitzt die Netzwerkanalyse inzwischen einen hohen Stellenwert: *„Ein großer Teil der Netzwerkforschung innerhalb der Management- und Organisationswissenschaften, die sich auf das Individuum als Analyseeinheit richtet, geht der Frage nach, welche strukturelle Position für das Individuum innerhalb der Organisation im Hinblick auf seine Performanz am vorteilhaftesten ist"* (Raab 2010b, S. 576). Das Instrumentarium der Netzwerkanalyse ermöglicht es, besondere Positionen oder auch spezifische Beziehungsmuster im Netzwerk zu erkennen. Dabei werden die Akteure als Analyseeinheit zwar gebraucht, aber im Fokus der Analyse stehen die Beziehungen zwischen ihnen – sei es als Individuen oder sei es als Organisationen.

6.1 Formale Analyse von Gesamtnetzwerken

Die Analyse von Netzwerken kann bereits auf eine längere Geschichte zurückblicken. Die grundlegende Vorstellung von „Methoden der Netzwerkanalyse" in deutscher Sprache leistete Franz Urban Pappi am Ende der 1980er Jahre. Besonders betont wird in dieser Publikation die Unterscheidung, „ob man die Beziehungen zwischen mehreren Einheiten betrachtet (Gesamtnetzwerk) oder das Netzwerk aus der Perspektive von ego untersucht" (ego-zentriertes Netzwerk) (Pappi 1987, S. 13). Wenn zum Beispiel von Interesse ist, welche Rolle dienstleistende Personen in den persönlichen Beziehungsgeflechten von Adressatinnen und Adressaten spielen, dann wird die Methode der ego-zentrierten Netzwerkanalyse gewählt. Wenn aber beispielsweise betrachtet werden soll, wie die Kooperation zwischen allen Trägern und Dienstleistern in einem Sozialraum ausgeprägt ist, handelt es sich um die *Analyse eines Gesamtnetzwerkes*. In diesem Fall besteht die Schwierigkeit darin, eine Grenze des Netzwerks zu ziehen – etwa mit der Frage „Welche Akteure gehören dazu, welche nicht?" (Fuhse 2016, S. 49). Wenn nur ein bestimmter Typ von Beziehungen – wie fachliche Kooperation – im Blick ist handelt es sich um ein „partielles" Gesamtnetzwerk; erst wenn alle möglichen Beziehungen unter den Akteuren betrachtet werden, handelt es sich um ein „totales" Gesamtnetzwerk (vgl. Pappi 1987, S. 13).

In neueren Publikationen wird der Begriff des Gesamtnetzwerkes durch den Terminus des *„Vollnetzwerkes"* ersetzt: Für die formale Analyse werden „Informationen über alle Sozialbeziehungen zwischen allen Akteuren in einem relativ abgegrenzten Kontext" benötigt (Fuhse 2016, S. 18). Für das o. g. Beispiel der Kooperation zwischen den Trägern und Dienstleistern in einem Sozialraum sind also alle dienstleistenden Akteure aufzulisten und es ist bei jedem zu erkunden, welche Art von Beziehung zu den restlichen Akteuren auf der Liste besteht. Dabei entsteht eine *„Beziehungsmatrix"*, bei der sowohl die Reihen als auch die Spalten jeweils einzelne Akteure im Netzwerk repräsentieren (vgl. ebd., S. 43). In jeder Zelle einer Akteurs-Zeile wird die Beziehung zum jeweiligen Spalten-Akteur bewertet: etwa eine 1 für eine bestehende und eine 0 für eine fehlende Beziehung. Es können aber auch weitere Werte genutzt werden (1, 2, 3, 4, 5, …), um die Enge oder die Qualität der Beziehung zwischen dem Akteurspaar zu qualifizieren.

Um eine gewonnene Beziehungsmatrix auszuwerten, kommen graphentheoretische Algorithmen zur Anwendung. Das leisten verschiedene Software-Programme – sie sind inzwischen relativ einfach zugänglich (einen guten Überblick über diese Programme ist zu finden unter: Fuhse 2016, S. 47–49). Die einfachste Analyse betrachtet nur die direkten Beziehungen im Netzwerk; in einem zweiten Schritt – der sogenannten *relationalen Analyse* – wird die gesamte Verbundenheit analysiert (es werden also auch die indirekten Beziehungen einbezogen) und im nächsten Schritt der *positionalen Analyse* werden Muster der direkten Beziehungen unter die Lupe genommen (Pappi 1987, S. 26).

In den Auswertungsschritten können im Netzwerk (Fuhse 2016, S. 54 ff.):

- unterschiedliche zentrale Rollen erkannt (z. B.: Wer hat die meisten Beziehungen und eine besondere prestigeträchtige Position? Welche Pfade bzw. Beziehungsketten kennzeichnen das Netzwerk? Wer bekommt Informationen früher als andere?),
- der Dichtegrad bestimmt (Anteil der realisierten an den insgesamt möglichen Beziehungen),
- die Beziehungsqualitäten analysiert (z. B.: starke und schwache Beziehungen, enge und lose Kooperation) und
- Zonen zwischen Akteursfeldern ohne Beziehungen bzw. ohne Integration identifiziert werden (unverbundene Netzwerkbereiche).

Um diese Aspekte abzubilden, werden Maße zur formalen Beschreibung – wie etwa Dichte- und Zentralitätsziffern – berechnet.

6.2 Empirische Erkundung von ego-zentrierten Netzwerken

Während beim Gesamtnetzwerk die gesamte Beziehungslandschaft eines definierten Feldes oder Raums betrachtet wird, ist ein *ego-zentriertes Netzwerk* auf einen Punkt in dieser Landschaft fokussiert. Denn bei der Analyse eines ego-zentrierten Netzwerks findet eine Konzentration statt auf „die direkten Beziehungen einer bestimmten Art", die ein Akteur – als lebensweltliches Individuum oder als Organisationsmitglied – zu anderen Akteuren aufweist (vgl. Pappi 1987, S. 20). Die Informationen werden im Rahmen einer normalen Befragung nach den Standards der empirischen Sozialforschung gewonnen. Dabei repräsentiert jedes ego-zentrierte Netzwerk quasi eine Stichprobe aus dem zu Grunde liegenden Gesamtnetzwerk. In der Zusammenschau lassen sich statistische Kennwerte wie Mittelwerte und Merkmalsverteilungen dahingehend interpretieren, wie die Netzwerktrends in der Grundgesamtheit ausgeprägt sind. Wenn beispielsweise die egozentrierten Netzwerke von Schlüsselpersonen eines kommunalen Vernetzungsfeldes erhoben werden, können die Pfade von vermittelnden Personen oder Organisationen zwischen ihnen erkundet werden.

Die ausgewählten Akteure werden in standardisierten Interviews nach persönlichen Beziehungen und Bezugspersonen gefragt. Dabei kommen drei Arten von Fragen zur Anwendung: ein Namens-Generator, Beziehungs-Definitoren und Namens-Interpreter. Mit dem Namens-Generator werden wichtige Bezugspersonen von Ego erhoben. Die klassische Fragestellung, die Ronald Burt in den 1980er Jahren für den General Social Survey der USA entwickelt hatte, lautet: *„Die meisten Menschen diskutieren wichtige Fragen von Zeit zu Zeit mit anderen. Wenn Sie an die letzten sechs Monate denken – wer sind die Personen, mit denen Sie Fragen diskutiert haben, die Ihnen wichtig sind? Nennen Sie mir nur die Vornamen oder Anfangsbuchstaben des Namens.* (ANWEISUNG FÜR DIE INTERVIEWENDE PERSON: WENN WENIGER ALS 5 NAMEN GENANNT, NACHFRAGEN:) *Noch jemand?* (NUR DIE ERSTEN 5 NAMEN AUFSCHREIBEN.)" (Pappi 1987, S. 21f.). Die Frage generiert in relativ einfacher und kurzer Form die Liste der wichtigsten Bezugspersonen der Befragten.

Am Namens-Generator von Burt wurde kritisiert, dass nur eine Beziehungsrelation abgefragt wird (vgl. Jansen 2006, S. 76). Wenn die Multiplexität, d.h. Mehrfachbeziehung zu Personen im Netzwerk, erfasst werden soll, müssen mehrere Relationen generiert werden. Dies leistet der aufwändigere Namens-Generator von Claude Fischer, der Beziehungsoptionen für mehrere Alltagssituationen abfragt (z. B. Kümmerer um die Wohnung bei Abwesenheit, Gesprächspartner bei persönlichen Sorgen, Gesprächspartner bei Arbeitsentscheidungen, Gesprächspartner für Hobbythemen, Haushaltshilfe, Geldleihe). Durch diese situative Differenzierung wird ein größerer Kreis wichtiger Bezugspersonen erhoben: In der ersten Studie mit Fischers Namens-Generator wurden im Durchschnitt 18,5 Bezugspersonen aufgezählt, während auf Burts Namens-Generator im Allgemeinen rund 3 Bezugspersonen genannt werden (vgl. Fuhse 2016, S. 119).

Der Namens-Generator von Fisher lässt sich in einfacher Form auf die Sozialwirtschaft übertragen. So könnte zum Beispiel gefragt werden: *Wenn Sie als Führungskraft in das Umfeld Ihrer Organisation/Institution/Einrichtung schauen ...*

- *Mit wem besprechen Sie strategische Themen?*
- *Wessen Ratschlag holen Sie sich bei wichtigen Entscheidungen ein?*
- *Mit wem haben Sie im Laufe der letzten 12 Monate beim Angebot und bei der Durchführung von Dienstleistungen kooperiert?*
- *Wer vertritt Ihre Organisation im lokalen Netzwerk XYZ?*
- *In welcher Weise stimmen Sie sich mit dieser Person ab?*
- *Welchen Auftrag haben Sie ihr erteilt?*
- *...*

Wer sind diese Personen? Nennen Sie mir bitte die Namen. (ANWEISUNG FÜR DIE INTERVIEWENDE PERSON: WENN WENIGER ALS 5 NAMEN GENANNT, NACHFRAGEN:) *Noch jemand?* (ALLE NAMEN AUFSCHREIBEN.)
NAMENSINTERPRETATOR: *In welcher Beziehung stehen Sie zu den genannten Personen?* (VERWANDT, FREUND/IN, ARBEITSKOLLEG/IN, KOOPERATION/KONTRAKT ...)
BEZIEHUNGSINTERPRETATOR: *Wie ist das Verhältnis der befragten Person (Ego) zu den genannten Anderen (Alteri)?* (SEHR ENG, ENG, LOCKER-DISTANZIERT) *Wie ist das Verhältnis der genannten Personen untereinander?* (SEHR ENG, ENG, LOCKER-DISTANZIERT, KENNEN SICH NICHT).

Die Liste der Fragen kann bedarfsbezogen fortgeschrieben werden. Dadurch wird ein Kreis von Akteuren ermittelt, die in der Sozialwirtschaft bereits vernetzt sind. Durch das Aneinanderlegen mehrerer egozentrierter Netzwerke könnte beispielsweise die Ausgangssituation vor einer Netzwerkinitiative aufgeklärt werden.

Auch in der Sozialraumforschung wurde Kritik am bestehenden Instrumentarium der egozentrierten Netzwerkanalyse geübt. Denn mit dem herkömmlichen Ansatz ego-zentrierter Netzwerke wird dabei *kein tiefenscharfer Blick in den Sozialraum* gewonnen, weil die genannten Referenzpersonen im engeren Feld der „first-order-zone" der unmittelbaren Nahbeziehungen bleiben. Der Fokus liegt dabei vor allem auf den stärkeren Beziehungen, aber die entfernten schwachen Beziehungen – im Sinne von Granovetters „weak ties" – bleiben eher unberücksichtigt. Vor diesem Hintergrund wurde ein eigenständiger „*Sozialraumgenerator*" konzipiert, der diese Reichweite aufweist und nicht die individuellen „first order"-Unterstützungspotenziale in den Vordergrund stellt (vgl. Schubert und Veil 2014). Ziel des Sozialraumgenerators ist die Identifikation von zentralen Kommunikationsgelegenheiten im Sozialraum, die potenziell als Träger einer informellen Informationsinfrastruktur genutzt werden können – zum Beispiel: lokale Angebote des täglichen Bedarfs und der medizinischen Versorgung als Gelegenheiten zum Gespräch und zur Weiterleitung von Informationen. Indem häufig frequentierte Gelegenheiten zum Gespräch im Stadtteil erfragt werden, wird sowohl ein individuelles als auch sozialräumliches Bild der wichtigsten Kontaktpunkte im Sozialraum gewonnen.

Der Sozialraumgenerator erfasst – nach der Logik der egozentrierten Netzwerkanalyse – Elemente und Relationen von alltäglichen Kontaktpunkten im Sozialraum, die räumlich verankert sind. Funktionen dieser Beziehungen sind zum Beispiel der Austausch von Information und der Transfer von Ressourcen, der bis hin zur persönlichen sozialen Unterstützung (materiell, kognitiv, emotional) reichen kann. Analog zum klassischen Namens-Generator von Burt wird mit dem Sozialraumgenerator das Potenzial erfasst, im Rahmen von alltäglichen Gesprächen in Infrastrukturen des Quartiers und Stadtteils einen Informationsaustausch und soziale Unterstützung zu induzieren. Der Sozialraumgenerator erfasst egozentriert zwei Dimensionen: die Orte, an denen Ego auf Alteri trifft (Ansprechpartner/innen in infrastrukturellen Gelegenheiten im Sozialraum) und die Relationen (Kommunikation und persönliche Bindung).

Der Sozialraumgenerator im Wortlaut: *Welche Läden, Angebote, Praxen oder Einrichtungen nutzen Sie in ihrer Wohnumgebung mehrmals im Jahr?* (→ ERFASSEN VON NAMEN DER GELEGENHEITEN) *Wie häufig besuchen Sie diesen Ort? Was für ein Laden oder Angebot ist das? Unterhalten Sie sich dort mit anderen über persönliche Angelegenheiten? Wenn ja: Mit wem unterhalten Sie sich dort?* (→ ERFASSEN VON NAMEN UND GESCHLECHT DER KONTAKTPERSONEN) *Wie lange kennen Sie die Person? Wie häufig sprechen Sie mit der Person? Wie lange dauern diese Gespräche? Über welche persönlichen Themen und Angelegenheiten sprechen Sie?*

An den skizzierten Beispielen ist zu erkennen, dass die Formulierung des Namens-Generators flexibel auf den besonderen Untersuchungszweck zugeschnitten werden kann.

Nach dem Namens-Generator kommen Fragen, die als Beziehungs-Definitoren bezeichnet werden können. So wird die affektive Nähe (oder auch Ferne) zwischen Ego und den anderen, also den genannten Personen (Alteri), erkundet, und die Beziehungsqualität zwischen den genannten Bezugspersonen anhand von Merkmalen wie Dauer der Beziehung, Häufigkeit der Kommunikation und Art der Verbindung abgefragt (Abb. 6-1).

Die darauffolgenden Namens-Interpreter haben die Funktion, zu den ermittelten Namen der Bezugsakteure deren Eigenschaften zu erfragen. Die eigentlichen Namens-Interpretatoren sind: „Geschlecht, Rollenbeziehung (Verwandtschaft, Nachbarschaft, Freundschaft usw.)" (Pappi 1987, S. 22) – aber auch der Migrationshintergrund, das Bildungsniveau, das Alter und die religiöse Präferenz der genannten Bezugsakteure. Mit den gewonnenen Informationen lassen sich – über die Stichprobe einer größeren Zahl erhobener ego-zentrierter Netzwerke hinweg – allgemeine Wahrscheinlichkeitsaussagen zu der Größe des untersuchten Netzwerktyps machen, die Einbindung in unterschiedliche Beziehungskontexte transparent machen und die Zusammensetzung solcher Netzwerke bestimmen (vgl. Fuhse 2016, S. 124 f.). (Einen guten Überblick über das methodische Vorgehen der ego-zentrierten Netzwerkanalyse gibt Herz 2012.)

Als Alternative zur Zufallsstichprobe von Akteuren, deren ego-zentriertes Netzwerk erhoben wird, wurde die Schneeballbefragung deklariert (vgl. Fuhse 2016, S. 131). Denn auf diesem Weg können auch die erhobenen Bezugspersonen befragt werden: Einerseits kann die Übereinstimmung der Werte der Befragten überprüft werden und andererseits kann auf diesem – allerdings sehr aufwändigen – Weg eine induktive Annäherung an das Gesamtnetzwerk gelingen.

Abbildung 6-1 Unterschiedliche Beziehungsqualitäten im ego-zentrierten Netzwerk

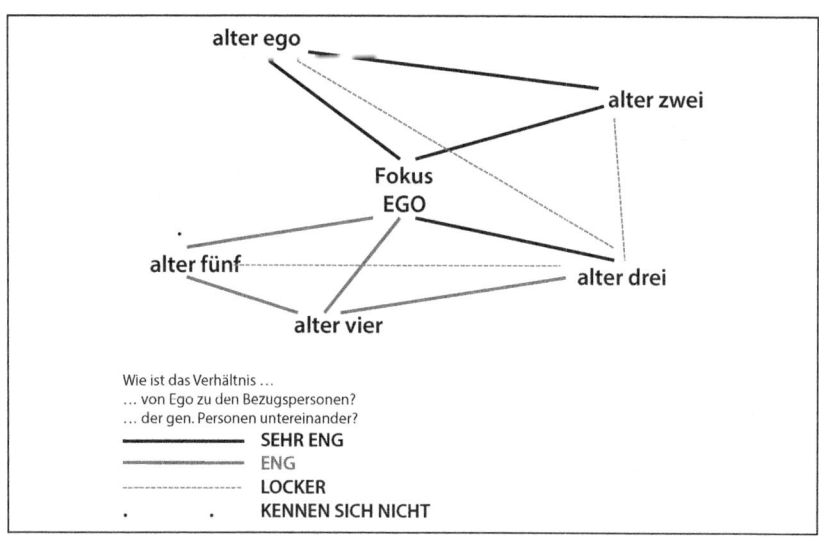

Eigene Darstellung

6.3 Qualitative Methoden

In jüngerer Zeit kommen vermehrt auch qualitative Methoden in der Netzwerkforschung als Vorstufen zu vertiefenden quantitativen Untersuchungsschritten zum Einsatz (vgl. Fuhse 2016, S. 139 ff.). So wird die *qualitative Exploration* genutzt, um die Grenzen eines zu untersuchenden Netzwerks auszuloten und qualitative Daten über die Akteure und deren Beziehungen zu gewinnen. Ein anderes Vorgehen kennzeichnet die *ethnographisch-teilnehmende Beobachtung,* um etwa reale Interaktionen zwischen den Akteuren eines Feldes abbilden und bewerten zu können. Mit *qualitativen Interviews* wird ein narrativer Weg gewählt, über den Geschichten, Ereignisse und die Zuschreibungen subjektiven Sinns in einer sozialen Figuration transparent gemacht werden können.

Besonders häufig kommt die *Methode der Netzwerkkarte* zu Anwendung, weil die Informationen – parallel in einem qualitativen Interview – ohne großen Aufwand in einer Grafik visualisiert zusammengefasst werden können (vgl. Abb. 6-2). Die Darstellungsform ist ego-zentriert, weil eine befragte Person – oder auch sozialwirtschaftliche Organisation – ihre Bezugsakteure auf konzentrischen Kreisen um sich selbst herum platzieren soll. Die Entfernung vom Akteur im Zentrum symbolisiert die persönliche Nähe oder Distanz. Die kreisförmige Kartendarstel-

Abbildung 6-2 Beispiel der 6-Felder-Netzwerkkarte

Eigene Darstellung

lung wird darüber hinaus in unterschiedliche Sektoren aufgeteilt: Diese Bereiche können für lebensweltliche Kontexte wie Familie, Freunde und Kollegen stehen, aber auch Aktivitätsfelder in der Kommune wie Schule, Kirchengemeinde oder Gesundheitsdienste etc. darstellen (siehe in Abb. 6-2 die alternativ kursiv bezeichneten Felder).

Mit der Methode können unterschiedliche Perspektiven eingenommen werden: Beispielsweise könnte die aktuelle Ist-Struktur mit einer zukünftigen Wunschstruktur kontrastiert werden. In diesem Fall wäre zu erkennen, in welchen Feldern, welche Akteure zu gewinnen sind. Darüber hinaus ermöglicht die Methode eine Bewertung der vorhandenen Potenziale und Ressourcen, aber auch der Schwächen in der Beziehungsfiguration. Aus der Netzwerkkarte lassen sich schließlich noch die Proportion von Nähe und Distanz sowie die Größe, der Umfang und die Zusammensetzung der auf einen Akteur fokussierten Beziehungsstruktur ablesen.

6.4 Erhebung und Analyse von Akteur-Ereignis-Netzwerken

Gerade auf der kommunalen Ebene werden oftmals neue Netzwerke ins Leben gerufen, obwohl es bereits zahlreiche Kooperationskreise gibt. Die zivilgesellschaftlichen Organisationen – darunter die Träger der Sozialwirtschaft – klagen dann über zeitliche Belastungen, die aus der Vermehrung von Netzwerken und Arbeitskreisen resultieren. Eine zentrale Aufgabe besteht daher darin, vorab zu erkunden, welche Vorvernetzungen es bereits gibt, ob diese Strukturen für die Bearbeitung weiterer wichtiger Themen genutzt werden können oder ob die Konstituierung eines neuen Netzwerks unabdingbar ist.

Ein Analyseinstrument, das die bestehenden Vernetzungen transparent macht, ist die *Akteur-Ereignis-Matrix* (vgl. Abb. 6-3). Sie stellt das lokale Netzwerk bimodal in den Potenzialräumen dar. Denn es ist wahrscheinlich, dass zwischen Akteurspaaren soziale Beziehungen entstehen, wenn regelmäßig die Gelegenheit dazu besteht.

„Die Analyse bimodaler Netzwerke ist durch die Überlegung motiviert, dass soziale Beziehungen nicht unabhängig voneinander entstehen, sondern dass es Gelegenheiten bedarf, die den Rahmen für die Entstehung sozialer Beziehungen bieten. Gelegenheiten zum Herstellen sozialer Beziehungen können auf sehr unterschiedliche Weisen entstehen, z. B. dadurch, dass sich mehrere Akteure zur selben Zeit am selben Ort befinden oder dadurch, dass mehrere Akteure gemeinsam ein und denselben Kommunikationskanal benutzen. Derartige Gelegenheiten bilden in dieser Sichtweise jedoch keine hinreichende, sondern nur eine notwendige Bedingung für die Entstehung von sozialen Beziehungen" (Rausch 2010, S. 421).

Die *Vorgehensweise* der Erstellung einer Akteur-Ereignis-Matrix lässt sich folgendermaßen beschreiben und visualisieren (vgl. Abb. 6-3 bis 6-5).

1) Es werden zuerst alle Netzwerke, Gremien und Arbeitskreise in der Kommune erhoben, die in einem Sozialraum oder um eine Themengruppe herum bereits bestehen.
2) Danach werden die Protokolle und Mitgliederlisten dieser Beziehungskreise eingesammelt und in die Matrix übertragen.
3) Die Akteur-Ereignis-Matrix basiert auf einer zweidimensionalen Tabelle. In der Kopfzeile werden die Netzwerke, Gremien und Arbeitskreise als Ereignisse eingetragen; in der Kopfspalte alle Akteure, die in den Protokollen und Mitgliederlisten namentlich oder als Stelle einer Organisation genannt werden.
4) In die Matrix wird eine 1 eingetragen, wenn der in der Zeile genannte Akteur an dem in der Spalte genannten Ereignis teilgenommen hat.

Abbildung 6-3 Tabellenaufstellung für die Akteur-Ereignis-Netzwerkanalyse

Akteure	Ereignisse in der Kommune						Häufigkeit
	Strategische Planungsrunde	Netzwerk Frühe Hilfen	AK Übergang KiTa-Schule	Stadtteil-runde	AK 50+	AG Freie Wohlfahrtspfl.	
Verwaltung 1		1					1
Verwaltung 2	1	1			1		3
Verwaltung 3	1		1				2
Verwaltung 4	1				1		2
Verwaltung 5		1		1			2
Verwaltung 6	1		1				2
Verwaltung 7	1						1
Verwaltung 8	1				1		2
Verwaltung 9			1				1
Zivilgesell. 1		1	1	1	1		4
Zivilgesell. 2		1	1				2
Zivilgesell. 3				1	1		2
Zivilgesell. 4				1	1	1	3
Zivilgesell. 5		1			1		2
Zivilgesell. 6				1	1	1	3
Zivilgesell. 7		1					1
Zivilgesell. 8						1	1
Zivilgesell. 9		1			1		2
Zivilgesell. 10							
Zivilgesell. 11		1	1				2

Eigene (fiktive) Darstellung

5) Im nächsten Schritt wird die Reihenfolge der Zeilen in der bimodalen Matrix so verändert, dass die Struktur der sozialen Beziehungen im Gesamtgefüge erkennbar wird. Rausch beschreibt das als „einerseits die Bestimmung sich überlappender Cliquen und andererseits die Charakterisierung von Teilnehmerinnen als zentrale bzw. periphere Akteure des sozialen Netzwerkes" (2010, S. 422).
6) Eine weitere Möglichkeit besteht beispielsweise darin, Gewichte zu vergeben. So kann bei regelmäßig teilnehmenden und häufig in den Protokollen als Ideengeber ausgewiesenen Akteuren eine 3 in der Matrix eingetragen werden, während bei seltener Teilnehmenden mit wenig Resonanz in den Protokollen der Wert 1 vermerkt wird. Auf diese Weise lassen sich die Schlüsselpersonen identifizieren.

Durch die *Neusortierung der Reihenfolge der Zeilen* können die sich überlappenden Cliquen unterschieden werden. In der fiktiven Beispieltabelle (vgl. Abb. 6-4) sind drei Cluster zu erkennen, in denen sich Akteure aus der Verwaltung und aus zivilgesellschaftlichen Organisationen – in diesem Fall Träger der Freien Wohlfahrtspflege – (1) um Jugendhilfethemen, (2) um den Stadtteilbezug und (3) um seniorenpolitische Fragestellungen herum gruppieren.

In einem vertiefenden Schritt können in der bimodalen Matrix zum einen *die zentralen* und zum anderen *die peripheren Akteure des sozialen Netzwerkes* ermittelt werden. So verknüpft der Verwaltungsakteur 2 als einziger administrativer Vertreter sowohl das Jugendhilfecluster als auch das Altenhilfecluster. Ebenso überbrückt der zivilgesellschaftliche Akteur 1 die beiden thematischen Felder und ist zudem im Interessennetzwerk der AG Freie Wohlfahrtspflege verankert. Für die weitere Informationsgewinnung könnten mit diesen beiden Akteuren egozentrierte Netzwerkanalysen durchgeführt werden, um deren Netzwerkposition noch tiefenschärfer auszuleuchten. Auf jeden Fall sind die beiden Akteure in strategische Reflexionen zur Weiterentwicklung oder Neustrukturierung des lokalen Netzwerkgefüges einzubeziehen.

Die Akteure der Stadtteilrunde sind in Folge der Überlappungen mit beiden Themenfeldern verbunden. Die Verbindung sichern sowohl ein Verwaltungsakteur (Nr. 3) als auch Mitglieder zivilgesellschaftlicher Organisationen (Nr. 5, 7, 9 sowie 4 und 6).

Eine periphere Position nehmen der Verwaltungsakteur Nr. 7 und der zivilgesellschaftliche Akteur Nr. 8 ein. Beide konzentrieren sich nur auf ihren sektoralen Zusammenhang.

Formal lässt sich der Zusammenhang folgendermaßen zusammenfassen

„Gegeben sind eine Menge N von g Akteuren $n_1,...,n_i,...,n_g$ und eine Menge M von h Gelegenheit $m_1,...,m_j,...,m_h$, soziale Beziehungen einzugehen. Die beiden Mengen N und M

Abbildung 6-4 Umsortierung der Tabelle zum Erkennen überlappender Cliquen

Akteure	Ereignisse in der Kommune						Häufigkeit
	Strategische Planungsrunde	Netzwerk Frühe Hilfen	AK Übergang KiTa-Schule	Stadtteilrunde	AK 50+	AG Freie Wohlfahrtspfl.	
Verwaltung 1	1						1
Verwaltung 2	1	1					3
Verwaltung 6	1						2
Verwaltung 7			1				1
Verwaltung 9		1	1				1
Zivilgesell. 1		1	1		1		4
Zivilgesell. 2		1					2
Zivilgesell. 11		1	1				2
Zivilgesell. 5		1		1			2
Zivilgesell. 7				1		1	3
Zivilgesell. 9		1		1			3
Verwaltung 3	1						1
Verwaltung 5		1					2
Verwaltung 3				1	1		2
Zivilgesell. 4					1		2
Zivilgesell. 6					1		2
Verwaltung 8	1				1		2
Verwaltung 4	1						2
Zivilgesell. 10						1	2
Zivilgesell. 8						1	1

Eigene (fiktive) Darstellung

Abbildung 6-5 Identifizierung zentraler Akteure im Akteur-Ereignis-Netzwerk mit hohem Verbindungspotenzial

Akteure	Ereignisse in der Kommune						Häufigkeit
	Strategische Planungsrunde	Netzwerk Frühe Hilfen	AK Übergang KiTa-Schule	Stadtteilrunde	AK 50+	AG Freie Wohlfahrtspfl.	
Verwaltung 1	1						1
Verwaltung 2	1	1					3
Verwaltung 6	1		1				2
Verwaltung 7			1				1
Verwaltung 9			1				1
Zivilgesell. 1		1	1	1		1	4
Zivilgesell. 2		1				1	2
Zivilgesell. 11		1	1				2
Zivilgesell. 5		1		1		1	3
Zivilgesell. 7		1		1		1	3
Zivilgesell. 9		1					1
Verwaltung 3				1		1	2
Verwaltung 5	1			1			2
Zivilgesell. 3				1			2
Zivilgesell. 4	1				1		2
Zivilgesell. 6	1				1		2
Verwaltung 8					1	1	2
Verwaltung 4					1		2
Zivilgesell. 10					1		2
Zivilgesell. 8					1		1

Eigene (fiktive) Darstellung

sind durch eine Relation R verknüpft, durch die die Partizipation der verschiedenen Akteure an den verschiedenen Gelegenheiten definiert ist. Es gilt: n_i und m_j stehen in der Relation R genau dann, wenn Akteur ni an der Gelegenheit m_j teilnahm. Das Tripel (N, M, R) aus der Menge der Akteure N, der Menge der Gelegenheiten M und der Relation R nennt man ein bimodales Netzwerk. Ein bimodales Netzwerk kann als eine binäre Matrix A geschrieben werden, wobei $a_{ij} = 1$ genau dann gilt, wenn der Akteur n_i an der Gelegenheit mj teilnahm" (Rausch 2010, S. 422).

Auf eine Zerlegung der Netzwerkmatrix anhand mathematischer Kriterien und Algorithmen wird hier verzichtet, weil die dafür notwendigen Ressourcen bei den Koordinationskräften von Netzwerken in der Sozialwirtschaft nicht verfügbar sind. Weitergehende Informationen bieten Borgatti (2007) und Rausch (2010).

Wichtige Aspekte
1) Das Instrumentarium der Netzwerkanalyse ermöglicht es, besondere Positionen oder auch spezifische Beziehungsmuster im Netzwerk zu erkennen. Dabei werden die Akteure als Analyseeinheit zwar gebraucht, aber im Fokus der Analyse stehen die Beziehungen zwischen ihnen – sei es als Individuen oder sei es als Organisationen.
2) Wenn beispielsweise betrachtet werden soll, wie die Kooperation zwischen allen Trägern und Dienstleistern in einem Sozialraum ausgeprägt ist, handelt es sich um die Analyse eines Gesamtnetzwerkes. Für diesen Fall sind alle dienstleistenden Akteure aufzulisten und es ist bei jedem zu erkunden, welche Art von Beziehung zu den restlichen Akteuren auf der Liste besteht. Dabei entsteht eine Beziehungsmatrix, bei der sowohl die Reihen als auch die Spalten jeweils die einzelnen Akteure des Netzwerks repräsentieren.
3) In einer relationalen Analyse wird die Verbundenheit – unter Einbezug der indirekten Beziehungen – im Gesamtnetzwerk analysiert. In einer positionalen Analyse werden Muster der direkten Beziehungen anhand von Kennwerten betrachtet, um unterschiedliche zentrale Rollen zu erkennen, Beziehungsqualitäten zu analysieren, den Dichtegrad zu bestimmen und strukturelle Löcher zu identifizieren.
4) Wenn zum Beispiel von Interesse ist, welche Rolle Führungskräfte von Organisationen der Sozialwirtschaft in kommunalen Netzwerken spielen, dann kann auch die ego-zentrierte Netzwerkanalyse gewählt werden. Die Methode fokussiert auf die direkten Beziehungen eines einzigen Akteurs – als lebensweltliches Individuum oder als Organisationsmitglied – zu anderen Akteuren. Die Informationen werden im Rahmen nach den Standards der empirischen Sozialforschung gewonnen – jedes ego-zentrierte Netzwerk einer befragten Person repräsentiert quasi eine Stichprobe aus dem zu Grunde liegenden Gesamtnetzwerk.

5) Die ausgewählten Akteure werden in standardisierten Interviews nach persönlichen Beziehungen und Bezugspersonen gefragt. Dabei kommen drei Arten von Fragen zur Anwendung: der Namens-Generator, Beziehungs-Definitoren und Namens-Interpreter. Mit dem Namens-Generator werden wichtige Bezugspersonen von Ego erhoben. Mit Beziehungs-Definitoren wird die affektive Nähe (oder Distanz) zwischen Ego und den anderen genannten Personen (Alteri) erkundet. Die Namens-Interpreter haben die Funktion, zu den ermittelten Namen der Bezugsakteure deren Eigenschaften zu erfragen.

6) Als Vorstufen zu vertiefenden quantitativen Untersuchungsschritten kommen qualitative Methoden in der Netzwerkforschung zum Einsatz: die qualitative Exploration, um die Grenzen eines zu untersuchenden Netzwerks auszuloten und qualitative Daten über die Akteure und deren Beziehungen zu gewinnen; die ethnographisch-teilnehmende Beobachtung, um reale Interaktionen zwischen den Akteuren eines Feldes abbilden und bewerten zu können; und qualitativ-narrative Interviews, um Geschichten, Ereignisse und Zuschreibungen subjektiven Sinns in einer sozialen Figuration zu erschließen. Einen hohen Stellenwert hat die Methode der Netzwerkkarte, weil die Informationen – parallel in einem qualitativen Interview – ohne großen Aufwand in einer Grafik visualisiert zusammengefasst werden können.

7) In der Kommune und in der Sozialwirtschaft kommt der Akteur-Ereignis-Netzwerkanalyse ein hoher Stellenwert zu. Sie befähigt, vorab zu erkunden, welche Vorvernetzungen es bereits gibt, ob diese Strukturen für die Bearbeitung weiterer wichtiger Themen genutzt werden können oder ob die Konstituierung eines neuen Netzwerks unabdingbar ist. Das Analyseinstrument der Akteur-Ereignis-Matrix macht die bestehenden Vernetzungen transparent.

Literaturempfehlungen zur Vertiefung

Für die vertiefte Auseinandersetzung mit dem Instrumentarium der Netzwerkanalyse wird folgende Literatur empfohlen:

Borgatti, S. P. (2007). *2-Mode Concepts in Social Network Analysis.* http://steveborgatti.com/papers/2modeconcepts.pdf. (Zugegriffen: 22.06.2017).

Fuhse, J. (2016). *Soziale Netzwerke, Konzepte und Forschungsmethoden.* Konstanz und München: UVK.

Pappi, F. U. (Hrsg.) (1987). *Methoden der Netzwerkanalyse.* München, Wien: Oldenbourg.

Rausch, A. (2010). Bimodale Netzwerke. In C. Stegbauer & R. Häußling (Hrsg.), *Handbuch Netzwerkforschung* (S. 421–432). Wiesbaden: VS Verlag für Sozialwissenschaften.

> **Anregungen für praxisbezogene Reflexionen**
>
> Wie wird die Beziehungsmatrix eines Gesamtnetzwerks strukturiert? Welche Informationen werden von jedem einzelnen Akteur auf der Liste erfragt?
> Was unterscheidet die Gesamtnetzwerkanalyse von der ego-zentrierten Netzwerkanalyse?
> Welche Art von Fragen würden Sie bei der ego-zentrierten Netzwerkanalyse bevorzugt zur Anwendung bringen?
> Erstellen Sie eine Netzwerkkarte, mit der Sie visuell abbilden können, wie Sie in Ihr persönliches Beziehungsnetz eingebettet sind.
> Überlegen Sie, wie Sie die Netzwerkkarte anlegen würden, um dieselben Informationen über die Vernetzung der Träger und Dienstleister in Ihrer Heimatstadt oder Heimatregion zu erheben.
> Reflektieren Sie, wie eine Akteur-Ereignis-Netzwerkanalyse in Ihrem Heimatort angelegt werden könnte.

Literatur

Borgatti, S. P. (2007). *2-Mode Concepts in Social Network Analysis.* http://steveborgatti.com/papers/2modeconcepts.pdf. (Zugegriffen: 22.06.2017).

Fuhse, J. (2016). *Soziale Netzwerke, Konzepte und Forschungsmethoden.* Konstanz und München: UVK.

Herz, A. (2012). Ego-zentrierte Netzwerkanalysen zur Erforschung von Sozialräumen. *sozialraum.de,* 4, 2/2012, http://www.sozialraum.de/ego-zentrierte-netzwerkanalysen-zur-erforschung-von-sozialraeumen.php. (Zugegriffen: 25.03.2017).

Jansen, D. (2006). *Einführung in die Netzwerkanalyse. Grundlagen, Methoden, Anwendungen.* 2. Aufl., Wiesbaden: VS Verlag für Sozialwissenschaften.

Pappi, F. U. (Hrsg.) (1987). *Methoden der Netzwerkanalyse.* München, Wien: Oldenbourg.

Raab, J. (2010b). Netzwerke und Netzwerkanalyse in der Organisationsforschung. In C. Stegbauer & R. Häußling (Hrsg.), *Handbuch Netzwerkforschung* (S. 575–586). Wiesbaden VS Verlag für Sozialwissenschaften.

Rausch, A. (2010). Bimodale Netzwerke. In C. Stegbauer & R. Häußling (Hrsg.), *Handbuch Netzwerkforschung* (S. 421–432). Wiesbaden: VS Verlag für Sozialwissenschaften.

Schubert, H. & Veil, K. (2014). Der „Sozialraumgenerator" als Ableitung aus der egozentrierten Netzwerkanalyse. *sozialraum.de,* 6, Ausgabe 1/2014, http://www.sozialraum.de/der-sozialraumgenerator-als-ableitung-aus-der-egozentrierten-netzwerkanalyse.php. (Zugegriffen: 25.03.2017).

Zusammenfassung: Netzwerkorientierung in der Sozialwirtschaft 7

Dem Netzwerkbegriff liegt eine Metapher zu Grunde: Symbolisiert wird ein Geflecht aus untereinander verbundenen Knoten. Die Verbindungen zwischen den Knoten repräsentieren dabei die konstitutiven Elemente. Die Beziehungsinhalte reichen von Interaktionen zwischen Akteuren, die zur selben Zeit am selben Ort stattfinden, und individuellen Bewertungen wie Freundschaft, Anerkennung oder Reputation und deren negativen Ausprägungen wie Feindschaft, Ablehnung und Geringschätzung über den Tausch von materiellen und immateriellen Ressourcen in Geschäfts- und Vertragsbeziehungen sowie in Hilfe- und Unterstützungsbeziehungen und über Kommunikation und Informationsaustausch von Neuigkeiten, Ratschlägen, Anweisungen oder Meinungen bis hin zu formalen Rollenbeziehungen in Autoritäts- und Machtkonstellationen und zur gemeinsamen Abstammung in der Verwandtschaft.

Der Netzwerkbegriff findet vermehrt Anwendung, um im Allgemeinen gesellschaftliche Entwicklungen auf der Mikro-, Meso- und Makroebene zu beschreiben und um im Besonderen Kooperations- sowie Organisationsformen in der Wirtschaft und im öffentlichen Leben zu bezeichnen. Die dabei zur Anwendung kommende Netzwerklogik weist zwei Komponenten auf: (1) Netzwerktheoretisch werden Beziehungsgeflechte als Kern der Alltagskultur aufgefasst, die sich im mikro- und mesosozialen Kontext in der Abfolge von alltäglichen Situationen quasi natürlich zu Verhaltens- und Interpretationsmustern verdichten. (2) Netzwerkpraktisch werden solche Beziehungsgeflechte gezielt organisiert, indem Situationen geschaffen werden, durch die vorher unverbundene Elemente verbunden werden und eine Netzwerkkultur quasi künstlich erzeugt wird.

In der Sozialwirtschaft wurde der Netzwerkbegriff von einer Kritik an der institutionellen Versäulung der Funktionssysteme und an der funktions- und hierarchiebezogenen Fragmentierung der Dienstleistungen in eine Vielzahl von Zuständigkeiten in den Teilsystemen Politik, Recht, Wirtschaft, Wissenschaft, Soziales, Erziehung, Gesundheitswesen, Religion und Familie getragen. Die Barrieren des Ressortdenkens und die fehlende Transparenz der zergliederten Abläufe führten zu operativen Inseln, auf denen die professionellen Akteure der verschiedenen Funktionssysteme relativ isoliert agieren. Die Metapher des Netzwerks gewann an Bedeutung, um Brücken zwischen diesen fragmentierten Strukturen zu projizieren und den Bedarf über eine vernetzte Vorgehensweise der professionellen Akteure nach dem Prinzip der Kundenorientierung als Ausrichtung an den Bedürfnissen der Adressatinnen und Adressaten als Ganzes – und nicht zerlegt in Teilbedarfe – zu erfüllen.

Die Vorstellung einer offenen Netzwerkgesellschaft auf der Makroebene tritt in den Gegensatz zum früheren Verständnis einer weitgehend geschlossenen Großgruppengesellschaft mit nach innen abgegrenzten Ständen und Klassen. Der Unterschied zum traditionellen Gruppenbegriff ist auch auf der Mikroebene offensichtlich. Während in der sozialen Gruppe die vollständige innere Verbundenheit vorausgesetzt wird, haben im Netzwerk auch die indirekten Beziehungen einen Stellenwert. Eine Rolle spielen auch die lockeren Beziehungen, über die Zugänge zu anderen Netzwerkarealen eröffnet und größere Netzwerkdistanzen überbrückt werden können. Es geht dabei um die Erreichbarkeit, ob Akteure andere Akteure indirekt – also vermittelt über Pfade mit dazwischen befindlichen direkt verbundenen Akteuren – erreichen können. So betrachtet stellt das Netzwerk gegenüber der Gruppe die effizientere Organisationsform dar. Die besondere Qualität besteht darin, dass es – im Gegensatz zur Gruppe – nach außen eine offene Struktur darstellt, so dass fortwährend neue Beziehungsanschlüsse ermöglicht werden.

7.1 Logik der Netzwerktheorie

In der Logik der Netzwerktheorie handelt das Individuum nicht isoliert, sondern sein Handeln wird von seiner sozialen Einbettung bestimmt. Es liegt ein Menschenbild zu Grunde, nach dem das Denken und Handeln von den umgebenden konkreten Beziehungen und Bezugspersonen beeinflusst wird und nicht von äußeren Strukturkategorien oder inneren Motiven. Dem traditionellen Modell des rational, egoistisch und autonom handelnden Homo Oeconomicus wird das Modell des Netzwerkmenschen – Homo Dictyos – entgegengesetzt, der seine Entscheidungen in Relation zum Beziehungsgefüge trifft, dessen Verhalten somit von der sozialen Einbettung abhängt.

Zur Netzwerklogik gehört ein Mechanismus der Übertragung: Dieser verläuft wie ein Ansteckungseffekt, weil jede Aktivität im Netzwerk sowohl die direkten Kontakte als auch die indirekten Kontakte – d. h. bis hin zu den Kontakten der

Kontakte von direkten Kontakten – beeinflusst und umgekehrt. Netzwerke verstärken somit alles, was in sie eingebracht wird.

Ein Netzwerk besteht im Allgemeinen aus Clustern, in denen – auf Grund sich wiederholender Interaktionsgelegenheiten – mehr Verbindungen stattfinden als zwischen diesen Beziehungskreisen. Innerhalb dieser Zusammenhänge bilden sich ähnliche Sichtweisen, Sprachregelungen, Meinungen, Symbole und Verhaltensmuster heraus. Mit zunehmender Dauer gelingt es kaum, zwischen den Beziehungskreisen in einen Austausch zu kommen. In der Folge entsteht in diesen Zwischenräumen ein strukturelles Loch, weil die Cluster relativ unverbunden sind. Vor diesem Hintergrund richtet sich das Interesse auf die Einbettung von Knoten in die soziale Struktur und deren Möglichkeit, das strukturelle Loch zu überbrücken. Die Überbrückung – entweder über Vermittlung oder über Geschlossenheit – bringt Vorteile, weil durch die besondere Art der Einbettung Macht, Wissen oder Zugänge zu Ressourcen gewonnen werden können.

Der Kern der phänomenologischen Netzwerktheorie besteht darin,

- dass die Akteure in jeder sozialen Situation eine Position übernehmen, die ein spezifisches Set an Handlungs-, Kommunikations- und Deutungsmöglichkeiten zur Verfügung stellt,
- dass an die konkrete Position Erwartungshaltungen geknüpft sind, die ausbalanciert werden müssen, und
- dass dieser Zusammenhang im Prozessverlauf in einer narrativen Story verdichtet wird, die die Netzwerkidentität wie eine Klammer zusammenhält.

In der Übertragung auf organisierte Netzwerke in der Sozialwirtschaft kann der bimodale Charakter hervorgehoben werden; denn es gibt zwei Arten von Knoten: Akteure und Ereignissituationen, bei denen sich die Akteure begegnen – wie zum Beispiel im Rahmen von Netzwerktreffen – und ihre Beziehungen fortschreitend aushandeln. Über die Einbettung und über die vereinbarten Stories bildet sich die Alltagskultur des Netzwerks – in Gestalt von Präferenzen für Konsum, Traditionen, Normen und Institutionen – heraus. Aus heterogenen Kontexten entstehen in der kontinuierlichen Verknüpfung sozialer Transaktionen verschiedene Kulturen. Insofern stellt ein Netzwerk nicht nur ein Beziehungssystem dar, sondern bildet auch eine gemeinsame Kultur aus. Die Verflechtung wird als Kontrollmechanismus verstanden, durch den eine sowohl beherrschbare als auch vorsehbare Ordnung des Verhaltens und der Handlungen im Netzwerk gestaltet wird.

Die Akteur-Netzwerk-Theorie (ANT) dehnt den Blick auf das Zusammenspiel von Menschen, Institutionen und weiteren beteiligten nichthumanen Elementen aus. Das Netzwerk besteht danach nicht nur aus sozialen Akteuren, sondern auch aus materiellen Dingen wie Tieren und technische Artefakten oder auch aus immateriellen Phänomenen wie Programmen und Vorschriften. Nach der ANT kann davon ausgegangen werden, dass eine Handlung in der Interaktion zwischen humanen und nicht-humanen Entitäten transformiert wird. Die Netzwerklogik wird erweitert um den Grundsatz, dass nicht nur Menschen, sondern auch nichtmenschliche Elemente ein Netzwerk generieren.

Aus der Perspektive der Sozialwirtschaft lässt sich die Phänomenologie der Netzwerke nach zwei Grundtypen unterscheiden: den natürlich in interpersoneller Begegnung geknüpften lebensweltlichen Beziehungsgeflechten stehen gezielt – im Rahmen von professioneller Kooperation und Koordination – organisierte Netzwerke gegenüber. Im professionellen Handlungssystem der Sozialwirtschaft treten Netzwerke als Form der operativen Praxis, der interinstitutionellen Organisation sowie der strategischen Steuerung auf und aus der Perspektive der Adressatinnen und Adressaten spielen die persönlichen Beziehungsgeflechte die entscheidende Rolle. Die persönlichen Netzwerke werden im Alltag zwischen den Menschen an den lebensweltlichen Orten geknüpft. Die organisierten Netzwerke repräsentieren insbesondere interinstitutionelle Kooperationen, die von professionellen Verbindungen getragen werden. Die entscheidenden Punkte der Anschlussfähigkeit von lebensweltlichen und organisierten Netzwerken sind die Personen und die Situationen, in denen sie aufeinandertreffen.

Ein Alleinstellungsmerkmal der Sozialwirtschaft und der sozialen Arbeit besteht darin, dass die in den natürlichen Netzen gebündelten sozialen Ressourcen – wie z. B. die Primärnetzwerke der Verwandtschaft (z. B. Adressat/innen und ihre Angehörigen) und die Sekundärnetzwerke lokaler Solidargemeinschaften (z. B. Ehrenamtliche) – im Rahmen der Koproduktion mit fachlich-professionellen Dienstleistungen beteiligt sind. Bei der Konstruktion organisierter Netzwerke werden daher nicht nur professionelle Ressourcen gebündelt und fachliche Aktivitäten interdisziplinär koordiniert, sondern sie müssen auch anschlussfähig an die lokalen Primär- und Sekundärnetzwerke sein.

7.2 Perspektiven der Netzwerkorientierung

Der Aufstieg des Netzwerkkonzepts vollzog sich im Rahmen eines Entwicklungsprozesses, in dem sich die Formen des kommunalen Steuerns im Laufe der vergangenen Jahrzehnte vom vorherrschenden Typ der hierarchischen öffentlichen Verwaltung nach dem Zweiten Weltkrieg (Public Administration) über die ökonomische Modernisierung nach dem Neuen Steuerungsmodell in den 1990er Jahren (New Public Management) hin zum gegenwärtig ausgeprägten Ansatz der New Public Governance verschoben. In der konzeptionellen Schrittfolge von Verwaltungslogik, ökonomisierter Neuer Steuerung und New Public Governance gewinnt der Netzwerkansatz zunehmend an Bedeutung. Während Top-Down-Führungsmuster in diesem Prozess abnahmen, nahmen partizipatorische, interaktive und indirekte Formen der Politikgestaltung zu.

Die Netzwerkorientierung – im Sinne eines allgemeinen Trends zum Netzwerken als gezielt konstruierter Beziehungsaufbau – lässt sich aus dem Governance-Konzept ableiten, das Steuerungsprozesse nicht mehr streng hierarchisch auffasst, sondern die Interdependenzen der Akteure anerkennt und sich damit von der traditionellen Fixierung auf das staatliche Handeln distanziert. Die Interdependenzen finden Ausdruck in interorganisatorischer Kooperation und Koordination bzw. entsprechenden neuen Steuerungsformen, deren Entscheidungsprozesse auf Verhandlungen basieren, in die alle relevanten Stakeholder aus Politik und anderen gesellschaftlichen Feldern einbezogen sind.

Die Gewichte verschieben sich von den politischen Vorgaben und über den Managementfokus in der Logik der öffentlichen Verwaltung hin zur Betonung der Dienstleistungs-Koproduktion in der Public Governance, indem sowohl der Nutzen für die Adressatinnen und Adressaten als auch der Nutzen für die beteiligten Stakeholder einen besonderen Stellenwert erhalten.

Der Governance-Ansatz baut auf dem gegenseitigen Vertrauen unter den Akteuren auf und bevorzugt die horizontale Koordination ihres Netzverbunds. Eine deutliche Differenz tritt auch in der Wertebasis zu Tage. Weder das Ethos des Dienens der öffentlichen Verwaltung noch der Glauben an die ökonomische Effizienz spielen für die Public Governance eine Rolle. Stattdessen herrscht eine Haltung vor, nach der die Interessen und Anspruchsgruppen in der Kommune einzubeziehen sind und an kommunalpolitischen Entscheidungen teilhaben sollen.

Mit der neuen Leitlinie der Governance wird die hierarchische Steuerung in der Kommune gedämpft und im Kontext horizontaler und dezentralisierter (d. h. weniger bei staatlichen Agenturen angesiedelten) Formen der Partizipation neu interpretiert. Unter Berücksichtigung der Handlungsrationalität und -kapazität von Akteuren werden die Fragen des kommunalen Handelns in institutionellen Arrangements verhandelt, die auf der Grundlage des Netzwerkkonzepts gestaltet werden.

Das Zusammenwirken von öffentlichen, (sozial-)wirtschaftlichen und zivilgesellschaftlichen Akteuren findet in der Kommune in verschiedenen Netzwerkkontexten mit jeweils eigener Netzwerkkultur statt. Die beteiligten Institutionen und Organisationen müssen bei der Figuration als Netzwerk und bei der koordinierten Erbringung der Dienstleistungen den Anforderungen der Governance entsprechen und anschlussfähig an die zivilgesellschaftlichen Netzwerke vor Ort bleiben. Als bedeutungsvoll können besonders vier Netzwerkebenen herausgestellt werden, zwischen denen ein strukturelles Loch aber auch konstruktive Verbindungen bestehen können: Das (lokale) Politiknetzwerk repräsentiert die Politikverflechtung zwischen staatlichen Instanzen, öffentlichen Einrichtungen und privaten Interessengruppen, die in der Gebietskörperschaft von machtstarken Personen und Clustern getragen wird. Bei der strategischen Allianz von Dienstleistern handelt es sich um eine Partnerschaft mit längerfristigen Beziehungen zwischen zwei oder mehreren Organisationen, die ihre Kompetenzen bündeln, um – beispielsweise wie die Liga der Freien Wohlfahrtspflege in der Sozialwirtschaft – strategische Vorteile zu erzielen. Zwischen dem kommunalen Auftraggeber auf der strategischen Ebene und sozialwirtschaftlichen Unternehmen bzw. Trägern der sozialen Arbeit wird ein Kontraktnetzwerk als Wertschöpfungspartnerschaft vereinbart, um Dienstleistungen konzertiert in einer abgestimmten Kette zu erbringen. Im Mittelpunkt eines Projektnetzwerkes steht die zeitlich befristete Realisierung eines komplexen Vorhabens, das sich nur interorganisatorisch unter der Einbringung der verschiedenen Ressourcen realisieren lässt.

7.3 Interinstitutionelle Kooperation als Basis organisierter Netzwerke

Organisierte Netzwerke – als Netzwerkpraxis – basieren auf Kooperation. Als Grundtypen sind dabei zu unterscheiden die betrieblich-professionelle Kooperation bei der zur Erstellung von Produkten oder Dienstleistungen, die politische Koalition unterschiedlicher Interessen und das gezielte Zusammenwirken von Menschen im Gemeinwesen. Das Gelingen der Kooperation hängt vom Zusammenspiel der Faktoren Autorität, Respekt, Vertrauen und Bindungen ab. Wenn die Akteure untereinander Respekt bezeugen, gegenseitig ihre Autoritäten anerkennen und Vertrauen zueinander haben, dann wird eine – sich gegenseitig unterstützende – Kooperation auf der Grundlage vertrauensvoller Bindungen möglich.

Für die Organisation von Prozessen auf der meso- und makrosozialen Ebene werden organisierte Netzwerke als neue flexible Steuerungsform zwischen Markt und Hierarchie bewertet, um die Kooperationskultur zwischen öffentlichen und privaten Akteuren zu verbessern und nichtstaatliche Interessen wirkungsvoll einzubinden. Der Organisationstyp bewusst geschaffener und zielgerichtet operierender interorganisatorischer Netzwerke ist in mehreren wirtschaftlichen Feldern verbreitet – das Spektrum reicht sowohl in der Erwerbs- als auch in der Sozialwirtschaft von lokalen Austauschnetzwerken über Unternehmensnetzwerke als Allianzen und Wertschöpfungsnetzwerke bis hin zu internationalen (Handels-) Netzwerken.

Die Netzwerkkooperation hat den Charakter einer multilateralen Zusammenarbeit, die auf der Grundlage eines gemeinsamen Zieles vereinbart wird. Die beteiligten Akteure bleiben dabei rechtlich und wirtschaftlich selbständige Einheiten mit einer Mindestautonomie, deren Leistungsbeiträge dezentral verantwortet werden. Die Kommunikation untereinander ersetzt die Unsicherheit der einzelnen Organisation durch selbst erzeugte Sicherheiten im Netzverbund. Die beteiligten Akteure ziehen daraus den gegenseitigen Nutzen, ihre Ressourcen bündeln, ihre Kapazitäten verknüpfen und ihr Leistungsspektrum erweitern zu können. Die einzelne Organisation behält ihre Selbständigkeit und kann trotzdem Ergebnisse realisieren, zu denen sie allein nicht in der Lage wäre. Der Korporationsertrag kommt im Rückfluss allen beteiligten Akteuren zu Gute – in der Sozialwirtschaft als Adressatennutzen insbesondere auch den Adressatinnen und Adressaten von abgestimmten Dienstleistungen.

Organisierte Netzwerke werden als institutionelles Arrangement getroffen, um die Transaktionskosten gering zu halten. Netzwerkkooperationen senken die ex-ante-Transaktionskosten, aber die ex-post-Transaktionskosten können in Folge verstärkter Interdependenz mittel- bis längerfristig steigen. Auch das Prinzipal-Agenten-Verhältnis spielt in der Netzwerkkooperation eine Rolle. Zur Disziplinierung der Kooperationspartner als Agenten werden in der Regel spezifische Instrumente eingesetzt; mit Blick auf die Netzwerkkooperation sind vor allem die direkte Verhaltenskontrolle (wie z. B. ein Berichtswesen), die ergebnisabhängige Belohnung (wie z. B. eine leistungsorientierte Vergütung) und Verbesserungen des Informationssystems (wie z. B. statistisches Berichtssystem) zu nennen.

Dem im ökonomischen Denken vorherrschenden Effizienzkriterium wird im soziologischen Neo-Institutionalismus nur ein begrenzter Einfluss auf die Ausgestaltung organisierter Netzwerke zugestanden. Die Formalstruktur (wie etwas nach außen als Soll dargestellt wird) und die Aktivitätsstruktur (wie etwas nach innen als Ist stattfindet) sind nur lose miteinander gekoppelt, weil die Unterstützung und Anerkennung von außen für den kontinuierlichen und nachhaltigen Zufluss von Ressourcen oft wichtiger ist als die Effizienz. Organisierte Netzwerke müssen sich danach in der Sozialwirtschaft so positionieren und präsentieren, dass sie die angestrebte Legitimität und Wertschätzung der Stakeholder in der Netzwerkumwelt erhalten.

Organisierte Netzwerke überwinden die bestehenden Ressortbarrieren und verfolgen eine Prozesslogik, bei der die isolierten Einzelprozesse der Einrichtungen und Institutionen in der interinstitutionellen Kooperation zu einer zielgerichteten Prozesskette verbunden werden. Die einzelnen Leistungen werden – unter der Perspektive des Gesamtbedarfs und der Gesamtentwicklung – zu einer Folge von logisch zusammenhängenden Aktivitäten integriert, wenn es für die Adressatin oder den Adressaten einen höheren Nutzen verspricht.

Organisierte Netzwerke zielen in der Sozialwirtschaft im Allgemeinen auf die operative Ebene, das heißt: auf den Nutzen der Adressatinnen und Adressaten von sozialen Dienstleistungen. Für den Erfolg ist es notwendig, dass auch die darüber liegenden Ebenen der strategischen und normativen Verantwortung an der Netzwerkkooperation komplementär mitwirken. Die politischen Gremien in der Kommune übernehmen die normative Verantwortung. Dazu müssen die Leitziele konkretisiert, die generellen Zielrichtungen programmatisch festgelegt und die Dienstleistungsstrukturen in einem Orientierungsrahmen abgesichert werden. Die strategische Verantwortung liegt bei den Fachbereichen der öffentlichen Verwaltung. Mit den beteiligten Akteuren müssen die Ziele für die Felder Ressourcen (Input), Produkte (Output), Wirkungen (Outcome) und zivilgesellschaftliche Ergebnisse (Impact) vereinbart werden. Vor Ort, d. h. meistens dezentral in den Sozialräumen und in den Einrichtungen der Daseinsvorsorge, wird die operative Verantwortung an den Schnittstellen zu den Adressatinnen und Adressaten getragen. Hier sind die (räumliche) Querkoordination der handelnden Akteure verschiedener Ressorts, der Aufbau zielorientierter kleiner Handlungs- oder Projektnetze sowie die Produkt- und Ergebnisverantwortung anzusiedeln.

7.4 Konstitution des sozialen Raums durch Netzwerke

Netzwerke konstituieren den sozialen Raum: der Raum ist nicht einfach nur da und nimmt wie ein Behälter das Soziale auf, sondern das Soziale erzeugt kontinuierlich den Raum. Er wird nicht als Grund betrachtet, von dem die Ereignisse oder deren Erzählung ihren Ausgang nehmen; vielmehr wird der Raum selbst als eine Art Text – quasi als Skripte und Choreographien des Handelns – betrachtet, dessen sozial produzierte Zeichen oder Spuren zu entziffern sind. Und die Netzwerke, die Raumstrukturen über ihre Verbindungen erzeugen, repräsentieren solche Skripte.

In der Mikroperspektive bildet das der Sozialraum-Begriff ab. Denn die Natural Area als geografisch definierter Stadtraum verschmilzt mit der Cultural Area, also mit den – auf kulturellen Werten beruhenden – Verhaltensmustern und Praxisformen der sozialen Bewohner- oder Nutzergruppen. Zum Beispiel resultiert aus der Art und Weise, wie Menschen tagaus und tagein ihre Angelegenheiten in der Interaktion untereinander beim Aufsuchen von Orten und Infrastrukturen wie Wohnung, Arbeitsstätte, Einkaufsgelegenheit, öffentlichem Raum von Park und Stadtplatz oder Freizeiteinrichtung gestalten, der soziale Raum des Alltags. Das räumliche Interaktionsmuster von Wegen, Fahrten und Aufenthalten stellt zugleich die Situationen dar, in denen die Netzwerkverbindungen mit anderen Personen gepflegt und aufrechterhalten werden. Unter der Two-Mode-Perspektive bilden die Zielorte ein Netz von Standortknoten im Sozialraum, die zugleich die persönlichen Netzwerkverbindungen ermöglichen und tragen: Das zusammen stellt den sozialen Netzwerkraum dar.

Die lebensweltlichen Netzwerke im sozialräumlichen Kontext spielen eine Schlüsselrolle für die Herausbildung des Vertrauens, der gemeinsamen Werteproduktion und des Zusammenhalts, aus deren Erwartungen an Wechselseitigkeit Sozialkapital entsteht. Die organisierten Netzwerke der Sozialwirtschaft schließen im Sozialraum an die lebensweltlichen an. Die individuelle Wohlfahrt wird überwiegend in der privaten Sorge im häuslichen Bereich und in den lebensweltlichen Netzwerken hergestellt. Die zu sozialen Zwecken betriebene Sozialwirtschaft schließt im Bedarfsfall an diesen informellen Leistungsbereich der Privathaushalte und an ihre Netzwerke an: Denn die sozialwirtschaftlich organisierte Hilfe erfolgt erst dann, wenn auf der Mikroebene ein Bedarf festgestellt wird, der in der informellen Sorge des Personenhaushalts nicht gedeckt werden kann.

Organisierte Netzwerke repräsentieren die Tendenz zu einer flexiblen Integration von mehreren Handlungssträngen in Sozialräumen der Kommune. Dabei bildet die „Software" im Sinne der Integration unterschiedlicher fachlicher Perspektiven auf die Problemdefinition und im Sinne der ressortübergreifenden Aktivierung der Akteure den Schwerpunkt – die „Hardware" im Sinne von Gebäuden, von Raumprogrammen sowie materieller und immaterieller Ausstattung wird zu Elementen des Netzwerks (im Verständnis der Akteur-Netzwerk-Theorie). Statt neue Einzelinfrastrukturen zu planen, wird unter der Kategorie des Sozialraums ein Netzwerk organisiert und betrieben, in dem die verschiedenen Akteure aus Verwaltung, Bildungswesen, Gesundheitswesen, sozialer Arbeit und Kultur raum- und problemkontextbezogen kooperieren. Im Mittelpunkt steht das Netz der sozialen Dienstleistungsinfrastruktur im Sozialraum und dessen verknüpfte Produktkette.

Literaturverzeichnis

Aderhold, J. (2004). *Form und Funktion sozialer Netzwerke in Wirtschaft und Gesellschaft. Beziehungsgeflechte als Vermittler zwischen Erreichbarkeit und Zugänglichkeit*. Wiesbaden: VS Verlag für Sozialwissenschaften.

Albrecht, S. (2010). Knoten im Netzwerk. In C. Stegbauer & R. Häußling (Hrsg.), *Handbuch Netzwerkforschung* (S. 124–134). Wiesbaden: VS Verlag für Sozialwissenschaften.

Avenarius, C. (2010). Knoten im Netzwerk. In C. Stegbauer & R. Häußling (Hrsg.), *Handbuch Netzwerkforschung* (S. 124–134). Wiesbaden: VS Verlag für Sozialwissenschaften.

Bandler, R., & Grinder, J. (2000). *Reframing. Ein ökologischer Ansatz in der Psychotherapie*. Paderborn: Junfermann.

Bauer, P., & Otto, U. (Hrsg.) (2005). *Mit Netzwerken professionell zusammenarbeiten*. 2 Bde. Tübingen: dgvt-Verlag.

Beck, U. (1986). *Risikogesellschaft. Auf dem Weg in eine andere Moderne*. Frankfurt am Main: Suhrkamp Verlag.

Benz, A. (Hrsg.) (2004). *Governance. Regieren in komplexen Regelsystemen*. Wiesbaden: VS Verlag für Sozialwissenschaften.

Bogumil, J. (2004). Bürgerkommunen als Perspektive der Demokratieförderung und Beteiligungsstärkung. In F. Kessl & H.-U. Otto (Hrsg.), *Soziale Arbeit und Soziales Kapital. Zur Kritik lokaler Gemeinschaftlichkeit* (S. 113–123). Wiesbaden: VS Verlag für Sozialwissenschaften.

Bolman, L. G., & Deal, T. E. (2013). *Reframing Organizations. Artistry, Choice, and Leadership*. 5. Aufl., San Francisco: Jossey-Bass.

Borgatti, S. P. (2007). *2-Mode Concepts in Social Network Analysis*. http://steveborgatti.com/papers/2modeconcepts.pdf. (Zugegriffen: 22.06.2017).

Bullinger, H., & Nowak, J. (1998). *Soziale Netzwerkarbeit*. Freiburg im Breisgau: Lambertus.

Burt, R. S. (1992). *Structural Holes. The Social Structure of Competition*. Cambridge: Harvard University Press.

Burt, R. S. (2001). Structural Holes versus Network Closure as Social Capital. In N. Lin, K. S. Cook & R. S. Burt (Hrsg.), *Social Capital. Theory and Research*. Aldine de Gruyter. http://snap.stanford.edu/class/cs224w-readings/burt00capital.pdf. (Zugegriffen: 10. 01. 2017).

Burt, R. S. (2005). *Brokerage and Closure. An Introduction to Social Capital*. Oxford: Oxford University Press.

Burt, R. S. (2010). *Neighbor Networks. Competitive Advantage Local and Personal*. New York: Oxford University Press.

Burt, R. S., & Merluzzi, J. (2013). Embedded Brokerage. In S. P. Borgatti, D. J. Brass, D. S. Halgin, G. Labianca & A. Mehra (Hrsg.), *Research in the Sociology of Organizations*. Cambridge: Emerald Group Publishing. http://faculty.chicagobooth.edu/ronald.burt/research/files/EB.pdf. (Zugegriffen: 10. 01. 2017).

Castells, M. (2001). *Die Netzwerkgesellschaft. Das Informationszeitalter I*. Opladen: Leske + Budrich.

Christakis, N. A., & Fowler, J. H. (2010). *Connected! Die Macht sozialer Netzwerke und warum Glück ansteckend ist*. Frankfurt am Main: Fischer.

Clemens, I. (2017). Erziehungswissenschaft und Netzwerktheorie – eine Herausforderung an die Disziplin. *Soziologie*, 46, (S. 44–47).

Coleman, J. S. (1991). *Grundlagen der Sozialtheorie. Bd. 1: Handlungen und Handlungssysteme*. München: Oldenbourg.

Coleman, J. S. (1992). *Grundlagen der Sozialtheorie. Bd. 2: Körperschaften und die moderne Gesellschaft*. München: Oldenbourg.

Crouch, C. (2011). *Das befremdliche Überleben des Neoliberalismus*. Frankfurt am Main: Suhrkamp.

Dahme, H.-J., & Wohlfahrt, N. (Hrsg.) (2000). *Netzwerkökonomie im Wohlfahrtsstaat. Wettbewerb und Kooperation im Sozial- und Gesundheitssektor*. Berlin: edition sigma.

Emirbayer, M., & Goodwin, J. (1994). Network Analysis, Culture, and the Problem of Agency. *American Journal of Sociology*, 99, (S. 1411–1454).

Foucault, M. (1978). *Dispositive der Macht. Über Sexualität, Wissen und Wahrheit*. Berlin: Merve.

Früchtel, F., Cyprian, G., & Budde, W. (2007). *Sozialer Raum und Soziale Arbeit. Fieldbook: Methoden und Theorien*. Wiesbaden: VS Verlag für Sozialwissenschaften.

Fürst, D., & Zimmermann, K. (2005). *Governance. Ein tragfähiges Analysekonzept für Prozesse regionaler oder lokaler Selbststeuerung*. Endbericht des DFG Projektes FU 101/22-1 2005, Leibniz Universität Hannover.

Fuhse, J. (2010). Menschenbild. In C. Stegbauer & R. Häußling (Hrsg.), *Handbuch Netzwerkforschung* (S. 166–175). Wiesbaden: VS Verlag für Sozialwissenschaften.

Fuhse, J. (2016). *Soziale Netzwerke, Konzepte und Forschungsmethoden*. Konstanz und München: UVK.

Fuhse, J. (2017). Soziale Beziehungsnetze. Realität und Konstruktion. *Soziologie*, 46, (S. 27–31).

Granovetter, M. S. (1973). The Strength Of Weak Ties. *American Journal of Sociology*, 78, (S. 1360–1380).

Granovetter, M. S. (1985). Economic Action and Social Structure. The Problem of Embeddedness. *American Journal of Sociology,* 91, (S. 481–510).
Haas J., & Malang, T. (2010). Beziehungen und Kanten. In C. Stegbauer & R. Häußling (Hrsg.), *Handbuch Netzwerkforschung* (S. 88–98). Wiesbaden: VS Verlag für Sozialwissenschaften.
Habermas, J. (1981). *Theorie des kommunikativen Handelns. Zur Kritik der funktionalistischen Vernunft.* Band 2, Frankfurt am Main: Suhrkamp.
Häußling, R. (2010a). Relationale Soziologie. In C. Stegbauer & R. Häußling (Hrsg.), *Handbuch Netzwerkforschung* (S. 62–87). Wiesbaden: VS Verlag für Sozialwissenschaften.
Hennig, M. (2010). Soziales Kapital und seine Funktionsweise. In C. Stegbauer & R. Häußling (Hrsg.), *Handbuch Netzwerkforschung* (S. 176–189). Wiesbaden: VS Verlag für Sozialwissenschaften.
Hepp, A. (2010). Netzwerk und Kultur. In C. Stegbauer & R. Häußling (Hrsg.), *Handbuch Netzwerkforschung* (S. 226–234). Wiesbaden: VS Verlag für Sozialwissenschaften.
Herz, A. (2012). Ego-zentrierte Netzwerkanalysen zur Erforschung von Sozialräumen. *sozialraum.de,* 4, 2/2012, http://www.sozialraum.de/ego-zentrierte-netzwerkanalysen-zur-erforschung-von-sozialraeumen.php. (Zugegriffen: 25. 03. 2017).
Hörrmann, G., & Tiby, C. (1991). Projektmanagement richtig gemacht. In A. D. Little (Hrsg.), *Management der Hochleistungsorganisation* (S. 73–91). Wiesbaden: Gabler.
Horn, E., & Gisi, L. M. (2009). *Schwärme. Kollektive ohne Zentrum. Eine Wissensgeschichte zwischen Leben und Information.* Bielefeld: transcript.
Jansen, D. (2006). *Einführung in die Netzwerkanalyse. Grundlagen, Methoden, Anwendungen.* 2. Aufl., Wiesbaden: VS Verlag für Sozialwissenschaften.
Jenson, J. (1998). *Mapping Social Cohesion. The State of Canadian Research,* CPRN Study F03, Ottawa: Canadian Policy Research Networks.
Keupp, H., & Röhrle, B. (Hrsg.) (1987). *Soziale Netzwerke.* Frankfurt am Main, New York: Campus.
Kieser, A. (Hrsg.) (2001). *Organisationstheorien.* 4. Aufl., Stuttgart, Berlin, Köln: Kohlhammer.
Killich, S. (2007). Formen der Unternehmenskooperation. In T. Becker, I. Dammer, J. Howaldt, S. Killich & A. Loose (Hrsg.), *Netzwerkmanagement. Mit Kooperation zum Unternehmenserfolg* (S. 13–22). 2. Aufl., Berlin, Heidelberg, New York: Springer.
Kraege, R. (1997). *Controlling strategischer Unternehmenskooperationen. Aufgaben, Instrumente und Gestaltungsempfehlungen.* München, Mering: Rainer Hampp Verlag.
Latour, B. (2007). *Eine neue Soziologie für eine neue Gesellschaft. Einführung in die Akteur-Netzwerk-Theorie.* Frankfurt am Main: Suhrkamp.
Latour, B. (2014). *Existenzweisen. Eine Anthropologie der Modernen.* Frankfurt am Main: Suhrkamp.
Laux, H. (2014). *Soziologie im Zeitalter der Komposition. Koordinaten einer integrativen Netzwerktheorie.* Weilerswist: Velbrück Wissenschaft.

Luhmann, N. (1998). *Die Gesellschaft der Gesellschaft*. 2 Bde., Frankfurt am Main: Suhrkamp.
Müller-Jentsch, W. (2003). *Organisationssoziologie*. Frankfurt am Main, New York: Campus.
Mützel, S. (2010). Netzwerkansätze in der Wirtschaftssoziologie. In C. Stegbauer & R. Häußling (Hrsg.), *Handbuch Netzwerkforschung* (S. 601–613). Wiesbaden: VS Verlag für Sozialwissenschaften.
Noack, M. (2017). Inseln und Territorien. Interterritoriale Hilfen als Brücken zwischen individuellen Lebensräumen und administrativen Planungsräumen. In M. Noack (Hrsg.), *Empirie der Sozialraumorientierung* (S. 201–291). Weinheim, Basel: Beltz Juventa.
Noack, W. (1999). *Gemeinwesenarbeit*. Freiburg im Breisgau: Lambertus.
Nadler, D. A., Gerstein, M. S., & Shaw, R. B. (Hrsg.) (1992). *Organizational Architecture. Designs for Changing Organizations*. San Francisco: Jossey-Bass.
Osborne, S. P. (2006). The New Public Governance. *Public Management Review*, 8, (S. 377–387).
Nalebuff, B., & Brandenburger, A. (1995). *Coopetition. Kooperativ konkurrieren. Mit der Spieltheorie zum Unternehmenserfolg*. Frankfurt am Main, New York: Campus.
OECD (2011). Perspectives on Global Development 2012. Social Cohesion in a Shifting World, OECD Publishing. http://www.oecd-ilibrary.org/development/perspectives-on-global-development-20&2_persp_glob_dev-2012-en. (Zugegriffen: 09.07.2016).
Osborne, S. P. (Hrsg.) (2010). *The New Public Governance*. London: Routledge.
Seibel, W. (2016). *Verwaltung verstehen. Eine theoriegeschichtliche Einführung*. Frankfurt am Main: Suhrkamp.
Pappi, F. U. (Hrsg.) (1987). *Methoden der Netzwerkanalyse*. München, Wien: Oldenbourg.
Pappi, F. U. (1998). Soziale Netzwerke. In B. Schäfers & W. Zapf (Hrsg.), *Handwörterbuch zur Gesellschaft Deutschlands* (S. 584–596). Opladen: Leske + Budrich.
Peuker, B. (2010). Akteur-Netzwerk-Theorie (ANT). In C. Stegbauer & R. Häußling (Hrsg.), *Handbuch Netzwerkforschung* (S. 325–345). Wiesbaden: VS Verlag für Sozialwissenschaften.
Powell, W. W., Koput, K. W., & Smith-Doerr, L. (1996). Interorganizational Collaboration and the Locus of Innovation. Networks of Learning in Biotechnology. *Administrative Science Quarterly*, 41, (S. 116–145).
Preisendörfer, P. (2005). *Organisationssoziologie. Grundlagen, Theorien und Problemstellungen*. Wiesbaden: VS Verlag für Sozialwissenschaften.
Raab, J. (2010a). Der „Harvard Breakthrough". In C. Stegbauer & R. Häußling (Hrsg.), *Handbuch Netzwerkforschung* (S. 29–37). Wiesbaden: VS Verlag für Sozialwissenschaften.
Raab, J. (2010b). Netzwerke und Netzwerkanalyse in der Organisationsforschung. In C. Stegbauer & R. Häußling (Hrsg.), *Handbuch Netzwerkforschung* (S. 575–586). Wiesbaden: VS Verlag für Sozialwissenschaften.

Rausch, A. (2010). Bimodale Netzwerke. In C. Stegbauer & R. Häußling (Hrsg.), *Handbuch Netzwerkforschung* (S. 421–432). Wiesbaden: VS Verlag für Sozialwissenschaften.

Rosa, H., Gertenbach, L., Laux, H., & Strecker, D. (2010). *Theorien der Gemeinschaft.* Hamburg: Junius Verlag.

Riege, M., & Schubert, H. (2016). Zur Analyse sozialer Räume. Ein interdisziplinärer Integrationsversuch. In M. Riege & H. Schubert (Hrsg.), *Sozialraumanalyse. Grundlagen, Methoden, Praxis* (S. 1–63). 5. Aufl., Köln: SRM-Verlag.

Scheidegger, N. (2010). Strukturelle Löcher. In C. Stegbauer & R. Häußling (Hrsg.), *Handbuch Netzwerkforschung* (S. 145–155). Wiesbaden: VS Verlag für Sozialwissenschaften.

Schmitt, M., & Fuhse, J. (2015). *Zur Aktualität von Harrison White, Einführung in sein Werk.* Wiesbaden: Springer VS.

Schneider, V. (2017). Netzwerke in der Politik- und Verwaltungswissenschaft. *Soziologie, 46*, (S. 35–39).

Schubert, H. (2008a). Netzwerkkooperation. Organisation und Koordination von professionellen Vernetzungen. In H. Schubert (Hrsg.), *Netzwerkmanagement. Koordination von professionellen Vernetzungen. Grundlagen und Praxisbeispiele* (S. 7–105). Wiesbaden: VS Verlag für Sozialwissenschaften.

Schubert, H. (2015). Lokale Governance – Einführung in das Konzept. In J. Knabe, A. v. Rießen & R. Blandow (Hrsg.), *Städtische Quartiere gestalten. Kommunale Herausforderungen und Chancen im transformierten Wohlfahrtsstaat* (S. 113–130). Bielefeld: transcript.

Schubert, H. (2017a). Identifizierung und Gestaltung von Netzwerken in der Kommune. In W. Lindner & W. Pletzer (Hrsg.), *Kommunale Jugendpolitik* (S. 285–297). Weinheim: Beltz Juventa.

Schubert, H. (2017b). Modernisierung der Sozialplanung. Entwicklung von Ansätzen, Methoden und Instrumenten. *Archiv für Wissenschaft und Praxis der sozialen Arbeit, 1/2017*, (S. 4–19).

Schubert, H., & Puskeppeleit, M. (2011). Qualitätsentwicklung in Bildungslandschaften. In P. Bleckmann & V. Schmidt (Hrsg.), *Bildungslandschaften. Mehr Chancen für alle* (S. 98–116). Wiesbaden: VS Verlag für Sozialwissenschaften.

Schubert, H., & Veil, K. (2014). Der „Sozialraumgenerator" als Ableitung aus der egozentrierten Netzwerkanalyse. *sozialraum.de*, 6, Ausgabe 1/2014, http://www.sozialraum.de/der-sozialraumgenerator-als-ableitung-aus-der-egozentrierten-netzwerkanalyse.php. (Zugegriffen: 25. 03. 2017).

Sennett, R. (1998). *Der flexible Mensch. Die Kultur des neuen Kapitalismus.* Berlin: Berlin Verlag.

Sennett, R. (2012). *Zusammenarbeit. Was unsere Gesellschaft zusammenhält.* Berlin: Berlin Verlag.

Simmel, G. (1908). Die Kreuzung sozialer Kreise. In G. Simmel, *Soziologie. Untersuchungen über die Formen der Vergesellschaftung* (S. 305–344). Berlin: Duncker & Humblodt.

Stegbauer, C. (2010). Positionen und positionale System. In C. Stegbauer & R. Häußling (Hrsg.), *Handbuch Netzwerkforschung* (S. 135–144). Wiesbaden: VS Verlag für Sozialwissenschaften.

Stegbauer, C. (2016). *Grundlagen der Netzwerkforschung. Situation, Mikronetzwerke und Kultur.* Wiesbaden: Springer VS.

Stegbauer, C. (2017). Netzwerkforschung. Grundlagen, Mikronetzwerke, Medien, Kultur und Interdisziplinarität. *Soziologie, 46,* (S. 18–22).

Straus, F. (1990). Netzwerkarbeit. Die Netzwerkperspektive in der Praxis. In M. R. Textor (Hrsg.), *Hilfen für Familien. Ein Handbuch für psychosoziale Berufe* (S. 496–520). Frankfurt am Main: Fischer.

Swaan, A. de (1993). *Der sorgende Staat. Wohlfahrt, Gesundheit und Bildung in Europa und den USA der Neuzeit.* Frankfurt am Main, New York: Campus.

Sydow, J. (1992). *Strategische Netzwerke. Evolution und Organisation.* Wiesbaden: Gabler.

Torfing, J., & Triantafillou, P. (2013). What's in a name? Grasping New Public Governance as a political-administrative system. *International Review of Public Administration, 18,* (S. 9–25).

Vahs, D. (2015). *Organisation.* 9. Aufl., Stuttgart: Schäffer-Poeschel.

Wald, A. (2010). Netzwerkansätze in der Managementforschung. In C. Stegbauer & R. Häußling (Hrsg.), *Handbuch Netzwerkforschung* (S. 627–634). Wiesbaden: VS Verlag für Sozialwissenschaften.

Welter, F. (Hrsg.) (2005). *Dynamik im Unternehmenssektor. Theorie, Empirie und Politik.* Berlin: Duncker & Humblot.

Wendt, W. R. (2013). Sozialwirtschaft. In A. Wöhrle, R. Beck, K. Grunwald, K. Schellberg, G. Schwarz & W. R. Wendt (Hrsg.), *Grundlagen des Managements in der Sozialwirtschaft* (S. 11–34). Baden Baden: Nomos.

Weyer, J. (1993). System und Akteur. Zum Nutzen zweier soziologischer Paradigmen bei der Erklärung erfolgreichen Scheiterns. *Kölner Zeitschrift für Soziologie und Sozialpsychologie, 45,* (S. 1–22).

Weyer, J. (Hrsg.) (2000). *Soziale Netzwerke. Konzepte und Methoden der sozialwissenschaftlichen Netzwerkforschung.* München: Oldenbourg.

White, H. C. (1981). Where Do Markets Come From? *American Journal of Sociology, 87,* (S. 517–547).

White, H. C. (2008). *Identity and Control. How Social Formations Emerge.* 2. Aufl., Princeton University Press.

Williamson, O. E. (1990). *Die ökonomischen Institutionen des Kapitalismus. Unternehmen, Märkte, Kooperationen.* Tübingen: Mohr.

Windeler, A. (2001). *Unternehmungsnetzwerke. Konstitution und Strukturation.* Wiesbaden: Westdeutscher Verlag.

Glossar

Adressat/in Person bzw. Personenkreis, an den sich eine Dienstleistung richtet – Empfänger/in einer Dienstleistung.

Cluster Dichtere Bereiche im Netzwerk, in denen mehr und häufiger Kommunikation stattfindet als dazwischen. Dies ist das Resultat von sich wiederholenden Interaktionsgelegenheiten – beispielsweise am Arbeitsplatz oder in der Nachbarschaft.

Gemeinwesenarbeit Gemeinwesenarbeit ist ein Arbeitsprinzip der sozialen Arbeit, das sich auf einen Sozialraum – das Gemeinwesen – konzentriert. Soziale Phänomene werden in einer Wechselwirkung zwischen gesellschaftlich bedingten Rahmenbedingungen und dem Handeln von Menschen verstanden. Die Bewohnerinnen und Bewohner werden unterstützt, ihre Interessen zu artikulieren und sich gemeinsam zu organisieren. Die Gemeinwesenarbeit versteht sich dabei als intermediärer Vermittler, der strukturelle Lücken zwischen den Lebenswelten der Individuen und den Institutionen überbrückt – zum Beispiel zwischen Kindern und Schulinstitution oder zwischen Nachbarn und dem vermietenden Wohnungsunternehmen.

Effizienz Wirtschaftlichkeit – dargestellt als Kosten-Nutzen-Relation oder als rationeller Umgang mit knappen Ressourcen.

Effektivität Wirksamkeit – dargestellt am Verhältnis vom erreichten Ziel zum definierten Ziel. Effektivitätsmaße zeigen an, wie nahe ein erzieltes Ergebnis dem angestrebten Ergebnis gekommen ist.

Emergenz Mit Emergenz wird die Herausbildung von neuen Eigenschaften oder Strukturen eines Systems infolge des Zusammenspiels seiner Elemente bezeichnet.

Funktionssystem In der Systemtheorie bedeutet funktionale Differenzierung, dass sich einzelne Teilsysteme herausbilden, die eine Funktion für das Gesamtsystem erfüllen. Solche Funktionssysteme sind zum Beispiel Politik, Recht, Wirtschaft, Wissenschaft, Soziales, Erziehung, Gesundheitswesen, Religion und Familie. Sie leisten wesentliche Beiträge für das Gesellschaftssystem als Ganzes, beschränken sich aber auf Grund ihrer relativen Autonomie auf interne Kommunikationsabläufe.

Geschlossenheit Mit der Schließung werden die Beziehungskreise dichter, weil auch zu Personen Kontakte aufgebaut werden, mit denen die eigenen Kontaktpartner in Verbindung stehen. Die Abstimmung untereinander wird dadurch besser. Geschlossen ist ein soziales Netzwerk dann, wenn alle relevanten Beziehungsoptionen aktiviert sind.

Governance Governance bezeichnet eine Lenkungs- und Steuerungsform, bei der die Bedeutung hierarchischer Strukturen abnimmt und dezentrale Verantwortungsstrukturen an Bedeutung gewinnen, bei der staatliche, private und gesellschaftliche Akteure Sektoren, Ressorts und Organisationen übergreifend kooperieren, bei der die Steuerung im Prozess der Interaktion zwischen den Akteuren erfolgt und bei der eine kontinuierliche Verständigung über gemeinsame Problemdefinitionen und Handlungsziele stattfindet. Dazu werden lokale Arenen der Partizipation entwickelt, in denen der dialogische Austausch der öffentlichen und privaten Akteure gefördert wird.

Interdependenz Wechselseitige Abhängigkeit zwischen Personen oder Organisationen.

Kooperation Das zweckgerichtete Zusammenwirken von Handlungen zweier oder mehrerer Personen oder Organisationen zur Erreichung eines gemeinsamen Zieles: Neben der internen (innerbetrieblichen) Kooperation durch Arbeitsteilung ist die externe (zwischenbetriebliche) Zusammenarbeit zu nennen. Die Zusammenarbeit beruht dabei entweder auf implizit-stillschweigenden (informellen) oder explizit-vertraglichen (formellen) Vereinbarungen zwischen den Akteuren.

Lebenswelt Der Begriff bezeichnet die Welt, die jeder Mensch individuell erlebt. Die lebensweltlichen Beziehungen reichen von Familie und Verwandtschaft über Nachbarschaft, Kollegialität und Bekanntschaft bis hin zur Freundschaft und repräsentieren in der Negativversion Konflikte. Ihre Verknüpfung erfolgt in den Situationen bzw. an den Orten der Lebenswelten – vom Zuhause über Bildungseinrichtungen und Arbeitsplätze bis hin zu Konsumgelegenheiten und Treffpunkten in der Freizeit.

Makro-/Meso-/Mikro-Ebene Auf der Mikroebene stehen konkrete Individuen im Kontext der Einbettung in Gruppen (Familie, Arbeitsplatz etc.) im Fokus der Betrachtung. Auf der Mesoebene stehen Organisationen und Institutionen im Blickpunkt, die als kollektive Akteure handeln. Auf der Makroebene weitet sich der Blick auf (interorganisationale) Beziehungen zwischen Kollektivakteuren, die von Organisationen über Gemeinden bis hin zu zwischenstaatlichen Geflechten reichen können.

Metapher Es handelt sich um ein sprachliches Symbol, das aus dem ursprünglichen Bedeutungszusammenhang in einen anderen übertragen wird, ohne dass die Relation zwischen Bezeichnendem und Bezeichneten unmittelbar verglichen wird (z. B. Spinnennetz → soziales Netz). Wenn der Begriff Netzwerk als Metapher benutzt wird, wird bildhaft und vergleichend zum Ausdruck gebracht, dass sich etwas wie ein Netzwerk darstellt.

Netzwerk Strukturen, die sich mathematisch als Graph modellieren lassen, werden als Netzwerk bezeichnet. Der Graph besteht aus einer Menge von Elementen (Knoten), die über Verbindungen (Kanten) miteinander verknüpft sind. Die Knoten eines Netzwerks repräsentieren individuelle Akteure (soziale Einheiten wie Personen) oder Kollektivakteure (soziale Einheiten wie Organisationen). Die Beziehungsinhalte der Verbindungen im Netzwerk sind in der Regel (1) individuelle Bewertungen wie Freundschaft, Anerkennung oder Reputation sowie deren negativen Ausprägungen wie Feindschaft, Ablehnung und Geringschätzung; (2) Tausch von materiellen und immateriellen Ressourcen in Geschäfts- und Vertragsbeziehungen sowie in Hilfe- und Unterstützungsbeziehungen; (3) Kommunikation und Informationsaustausch von Ratschlägen über Anweisungen bis hin zu Neuigkeiten und Meinungen; (4) formale Rollenbeziehungen in Autoritäts- und Machtkonstellationen; (5) Interaktionen zwischen Akteuren, die zur selben Zeit am selben Ort stattfinden, und (6) die gemeinsame Abstammung in der Verwandtschaft.

Netzwerkanalyse, soziale Methode der empirischen Sozialforschung, um ein soziales Beziehungsgeflecht tiefenscharf abzubilden und zu analysieren. Nach dem relationalen Forschungsparadigma stehen die Verbindungen und Interdependenzen zwischen den Einheiten (Personen oder Organisationen) und nicht deren Attribute und Eigenschaften im Vordergrund.

Netzwerkkooperation Multilaterale Zusammenarbeit auf der Grundlage eines gemeinsam vereinbarten Zieles: Die beteiligten Akteure bleiben dabei rechtlich und wirtschaftlich selbständige Einheiten mit einer Mindestautonomie, deren Leistungsbeiträge dezentral verantwortet werden. Der gegenseitige Nutzen besteht in der Bündelung von Ressourcen und der Verknüpfung von Kapazitäten, so dass das Leistungsspektrum erweitert wird. Es können Ergebnisse realisiert werden, zu denen der einzelne Akteur allein nicht in der Lage wäre.

Netzwerkpfad Die Sequenzen der Verbindungen zwischen den verschiedenen Beteiligten im Netzwerk: Die Länge eines Pfades ist die Anzahl der direkten Verbindungen zwischen zwei nicht direkt verbundenen Akteuren. Während es in der Gruppe nur die Pfadlänge 1 gibt, weil jede Person mit jeder anderen direkt verbunden ist, weist ein Netzwerk eine lockerere Struktur mit teilweise großen Pfaddistanzen auf.

Non-Profit-Sektor Zu diesem Bereich gehören Vereine, Verbände, Stiftungen und Interessengemeinschaften, die gemeinnützig ausgerichtet sind. Diese Organisationen können weder dem staatlichen noch dem erwerbswirtschaftlichen Sektor zugeordnet werden. In der Regel sind sie formal und dauerhaft organisiert, rechtlich selbständig und von staatlicher Verwaltung unabhängig.

Normative Ebene Das normative Management setzt Normen und Werte der Organisation fest und definiert die entsprechende Unternehmenskultur und -politik. In der Gemeinde übernehmen kommunalpolitische Gremien die Aufgabe, die generellen Zielrichtungen programmatisch festzulegen und in einem Orientierungsrahmen abzusichern.

Öffentliche Verwaltung (Public Administration) Im Vordergrund steht die technische Ausgestaltung von Verwaltungsaktivitäten, die auf rechtlichen Grundlagen und auf fachlichem Personal beruhen, das in formalen Hierarchien organisiert ist. In Deutschland spielen neben der Bundes- und Landesverwaltung Sonderformen der Verwaltung durch Körperschaften, Stiftungen und Anstalten eine Rolle, aber den größten Umfang macht die kommunale Selbstverwaltung aus, die auf die administrative Durchsetzung von Regeln und Richtlinien fokussiert ist.

Operative Ebene Das operative Management setzt die normativen und strategischen Managementvorgaben um und sichert deren Durchführung im Rahmen der Arbeitsstrukturen und Arbeitsprozesse, um die Qualität der Ergebnisse zu sichern. In der Kommune und in den Einrichtungen der Daseinsvorsorge in den Sozialräumen werden die normativ vorgegebenen und strategisch unterstützten Ziele an den Schnittstellen zu den Adressatinnen und Adressaten dezentral realisiert.

Prozess Die operativen Aktivitäten in der Sozialwirtschaft repräsentieren im Allgemeinen die Primärprozesse, und ihre strategische Vor- und Nachbereitung wird als Sekundärprozess verstanden. Die primären Aktivitäten beinhalten die Herstellung der Dienstleistungen, ihre Distribution unter den Adressaten und den begleitenden Service. Die sekundären Aktivitäten – wie z. B. die Abstimmung der Angebote unter den Einrichtungen – sichern, dass die primären Aktivitäten genau zusammenpassen und zum erwünschten Gesamtergebnis führen. Im Sekundärprozess werden die Inputs für die Aktivitäten des Primärprozesses vorbereitet und bereitgestellt; dies beinhaltet die vorbereitende Beschaffung von Materialien und Know-how, die Bereitstellung von humanen und materiellen Ressourcen.

Public Management Interdisziplinärer Ansatz für die zielorientierte Steuerung und Gestaltung von öffentlichen Institutionen der staatlichen Verwaltung, bei dem betriebswirtschaftliche Instrumente und Techniken des Managements aus dem privatwirtschaftlichen Sektor sowohl in das kommunale als auch in das sozialwirtschaftliche Handeln übertragen werden. Im Gegensatz zur Public Administration stehen nicht die technische Ausgestaltung der Verwaltungsaktivitäten im Vordergrund, sondern die strategischen Leitungsfunktionen der Verwaltungsführung. Im Rahmen einer Outputsteuerung werden Dienstleistungen von der Kostenseite her gesteuert. Die Zuwendung öffentlicher Mittel ist in ein marktförmiges Wettbewerbsmodell eingebettet und wird kennwertbezogen kontraktiert. Fokussierung auf Effizienz und Effektivität, um das Erbringen sozialer Dienstleistungen in wirtschaftlicher Hinsicht zu optimieren.

Relationale Wende Die relationale Perspektive stellt weder das einzelne Individuum und seine Prädispositionen in den Mittelpunkt noch Strukturkategorien. Der Blickwinkel wird auf relationale Muster wie Beziehungsgefüge fokussiert.

Sozialkapital Darunter wird eine Ressource – wie Information, Einfluss und soziale Empfehlung – verstanden, die den Akteuren im Netzwerk als interpersonelle oder interorganisatorische Gutschrift zur Verfügung steht. Im Unterschied zu physischem Kapital und zu Humankapital ist Sozialkapital nicht an den einzelnen Akteur gebunden, sondern resultiert aus den Beziehungen zwischen den Akteuren. Der Umfang des Sozialkapitals, auf das ein einzelner Mensch Bezug nehmen kann, hängt von der Ausdehnung der Beziehungen ab, die mobilisiert werden können.

Sozialanthropologie Sozial- und Kulturwissenschaft, die den Menschen als soziales Wesen in seinen gesellschaftlichen Beziehungszusammenhängen untersucht.

Soziale Kohäsion Der soziale Zusammenhalt stellt eine grundlegende soziale Ressource von Nachbarschaften und Wohnquartieren dar. Er resultiert nicht allein aus interaktiven Kontakten im Alltag, sondern beruht auch auf dem in den Kontakten entstandenen Wertekonsens, wie das öffentliche Leben des Miteinanders gestaltet werden soll. Die soziale Kohäsion bildet in der Gesellschaft die Grundlage für das Wohlergehen der Gesellschaftsmitglieder, schafft ein Gefühl der Zugehörigkeit, fördert das gegenseitige Vertrauen und beugt der Ausgrenzung sowie Marginalisierung vor.

Sozialwirtschaft Sozialwirtschaftliche Akteure sind die öffentlich-rechtlichen Sozialleistungsträger, gemeinnützige Wohlfahrtsorganisation, privat-gewerbliche Anbieter von Sozial- und Betreuungsdienstleistungen, Vereinigungen von Menschen zu gemeinschaftlicher Selbsthilfe, freiwillig und in bürgerschaftlichem Engagement Mitwirkende und im Zusammenhang einer Versorgung unmittelbar Betroffene, die in eigener und gegenseitiger Sorge mitwirken. Die individuelle Wohlfahrt wird vor allem in der privaten Sorge im häuslichen Bereich hergestellt. Die Sozialwirtschaft schließt an den informellen Leistungsbereich der Privathaushalte an, wenn ein Bedarf festgestellt wird, der in der informellen Sorge des Personenhaushalts nicht gedeckt werden kann.

Spatial Turn Wende im räumlichen Denken: Danach wird der Raum sozial produziert. Er nimmt nicht wie ein Behälter das Soziale auf, sondern das Soziale erzeugt kontinuierlich den Raum. In der Sozialwirtschaft hat das zu Konzepten der Sozialraumorientierung geführt.

Stakeholder Anspruchsgruppen, denen alle Personen, Gruppen oder Institutionen zugerechnet werden, die von den Aktivitäten einer Organisation oder der Gemeinde direkt oder indirekt betroffen sind oder die irgendein Interesse an diesen Aktivitäten haben. Die Stakeholder versuchen auf die Organisation oder die Gemeinde Einfluss zu nehmen.

Strategische Ebene Das strategische Management leitet aus der normativen Dimension der Managementaufgaben die Gesamtstrukturen der Organisation ab und legt Managementkonzepte für die Steuerung fest. Es entwickelt Strategien, um das normative Management in die Arbeitspraxis umsetzen zu können und definiert, wie sich die Führungskräfte in diesem Prozess zu verhalten haben. In den

Fachbereichen der öffentlichen Kommunalverwaltung stellen die Führungskräfte die für die Umsetzung der normativ vorgegebenen Ziele Ressourcen und Rahmenbedingungen bereit.

Strukturelles Loch   Zwischen Clustern mit einer dichteren Beziehungsstruktur entstehen Zonen mit wenigen oder keinen Verbindungen. Weil der Raum relativ leer und unverbunden ist, also vermittelnde Akteure (Broker) fehlen, werden diese Bereiche im Netzwerk als strukturelle Löcher oder Lücken bezeichnet.

Tayloristische Logik   Als Taylorismus bezeichnet man das von Frederick W. Taylor (1856–1915) entwickelte Prinzip detailliert zerlegter und hierarchisch streng kontrollierte Arbeitsabläufe, das für den industriegesellschaftlichen Kapitalismus des 19. und frühen 20. Jahrhunderts kennzeichnend war. In Anlehnung an die Fließbandproduktion des amerikanischen Automobilproduzenten Ford wird die Produktionsweise auch als fordistisch bezeichnet. Die tayloristische Logik wird von der neo-liberalen abgelöst, in der die Unternehmen in Form lockerer Netzwerke und nicht mehr in Form pyramidaler Hierarchien organisiert sind. Der tayloristische Arbeitsprozess war noch nicht individualisiert und in der Ausführung noch nicht netzwerkförmig in Module an verschiedenen Standorten zerlegt. Die industriegesellschaftliche Technologie basierte auf billiger Energie, während die netzwerkgesellschaftliche Technologie auf billigen Informationen beruht.

Transaktionskosten   Transaktionskosten entstehen im Zusammenhang mit der Transaktion von Verfügungsrechten (wie Kauf, Verkauf, Miete) und hängen von der Organisationsform ab. Es werden die ex-ante-Aufwendungen (Kosten der Informationsbeschaffung und des Verhandlungsprozesses bis hin zum Abschluss einer vertraglichen Vereinbarung) und die ex-post-Kosten nach Vertragsabschluss unterschieden (Überwachung vertraglicher Vereinbarungen, Klärung kritischer Punkte oder Nachverhandlung).

Vermittlung   Durch Vermittlung wird Unverbundenes über strukturelle Löcher hinweg miteinander verbunden. Personen, die an der Schnittstelle zwischen zwei Clustern bzw. Beziehungskreisen stehen, haben eine Brückenfunktion und können als Vermittler (broker) das strukturelle Loch überbrücken.

Zum Autor

© Herbert Schubert

Herbert Schubert
Diplom-Sozialwissenschaftler, 1986 promoviert zum Dr. phil. (in Soziologie), hat sich 1998 habilitiert zum Dr. rer. hort. habil. (in Regionalplanung, Raumforschung)
1992–1994 Leitung der Koordinationsstelle Sozialplanung der Landeshauptstadt Hannover
1995–1998 Leitung des Forschungsbereiches „Wohnung, Siedlung, Umwelt" im Institut für Entwicklungsplanung und Strukturforschung an der Leibniz Universität Hannover

1999–2017 Professor an der Technischen Hochschule Köln, Fakultät für Angewandte Sozialwissenschaften
2003–2016 Gründungsdirektor des Instituts für Management und Organisation in der Sozialen Arbeit an der Fakultät für Angewandte Sozialwissenschaften der Technischen Hochschule Köln
2002–2018 Leitung eines Forschungsschwerpunkts der TH Köln
zurzeit Inhaber von „Sozial • Raum • Management – Büro für Forschung und Beratung" in Hannover
zurzeit Lehre als Apl. Prof. an der Fakultät für Architektur und Landschaft der Leibniz Universität Hannover (Architektursoziologie)
zurzeit Fortbildungen für Führungskräfte und Fachkräfte der Kommunalverwaltung und der Sozialwirtschaft zum Themenbereich „Netzwerkkoordination"

The manufacturer's authorised representative in the EU is Springer Nature Customer Service Centre GmbH, Europaplatz 3, 69115 Heidelberg, Germany. If you have any concerns regarding our products, please contact ProductSafety@springernature.com

Printed and bound by CPI Group (UK) Ltd, Croydon, CR0 4YY

25/03/2026

02078186-0010